인물로 보는 일본역사 제10권

히라쓰카 라이초
일본의 여성해방운동가

차례
Contents

머리말 · 100년 전에 올린 여성운동의 깃발 3

제1장 라이초의 성장과 청춘시대 5

제2장 「세이토」와 새로운 여자의 탄생 18

제3장 신여성의 실천운동 신부인협회 활동기 79

제4장 라이초와 조선의 신여성 111

맷음말 · 여성·평화… 라이초의 꿈은 아직도 미완성 118

주 122

참고문헌 123

100년 전에 올린 여성운동의 깃발

거의 100년 전 일본, 젊은 처자들이 모여 일을 냈다. 히라쓰카 라이초(平塚らいてう, 이하 라이초)를 비롯하여 20대 젊은 여성들이 모여 여자들의 손으로 「세이토(青鞜)」라는 여성잡지를 탄생시켰다. 여기 모인 개성 넘치는 여성들이 세간의 화제를 모으며 '새로운 여자'로 불리기 시작했다. 흔히 '신여성' 하면 자유연애, 모던 걸의 우아한 이미지를 떠올리기 쉬우나 그 과정은 세상의 역풍을 고스란히 맞으며 없는 길을 만들어 가는 가시밭길 그 자체였다.

이 글은 히라쓰카 라이초라는 여성을 통해 일본의 여성운동과 그 의미를 동아시아 차원에서 조망하고 소개하고자 쓴 것이다. 짧은 지면상 자세한 분석보다 그녀의 삶과 사상, 실천을 전체적으로 살펴보며 선배 여성들의 치열한 메시지와 몸짓은 오늘날 어떤 의미인지 음미해보고자 한다.

오늘날도 여전히 인류는 힘들게 살아가고 있고 특히 여성으로 사는 일은 여전히 녹록지 않다. 그때보다 여성들의 삶이 조금이나마 나아졌다면 우린 그때 힘들게 일어서고 문을 열었던 선배들에게 감사의 인사를 해야 하는 건 아닐까. 그리고 그들의 이름을 기억하고 불러주어야 하지 않을까.

역사를 공부하는 입장에서 느끼는 일말의 책임감과 함께 「세이토」와 여인들이 뜨거운 마음으로 이 세상에 던진 것들을 찾아가보는 길은 나 자신이 결혼과 출산, 육아 과정을 겪으며 더 절감했던 여성으로서의 삶과 교차되었다. 그래서 글 쓰는 내내 라이초의 삶에 공감하는 부분이 컸다.

제1장 라이초의 성장과 청춘시대

　라이초가 태어나 엄마가 되는 1880년대부터 1910년대라
는 시기는 일본이 구미라는 강하고 공포스러운 타자를 만나
기존의 체제로는 버틸 수 없다는 엄청난 위기의식을 바탕으
로 봉건체제를 무너뜨린 때다. 천황을 중심으로 한 국민국가
체제로 청일, 러일전쟁에 승리하면서 식민지를 건설한 국민
제국으로 전환하던 시기였다.

　그야말로 국가 만들기와 제국 만들기가 동시에 압축적으
로 진행된 격변의 시대였다. 일본에서는 근대 국민국가가 지
향하는 충량한 국민을 만들어내기 위한 근대교육이 일찍부
터 시작되어 빠른 속도로 중등교육이 보급되면서 본격적인
학력사회로 진입하게 되었다. 그와 함께 근대 가정에 맞는

현모양처를 길러내는 것을 목표로 전국에 다수의 여학교가 설립되었다.

라이초는 이러한 근대여성교육의 세례를 받으며 성장한 엘리트 여성으로, 메이지시대의 양처현모 교육에 반기를 들고 일어난 신여성 1세대 인물이다. 본명은 히라쓰카 하루(平塚明), 1886년 도쿄에서 출생하였다.

라이초의 부친 히라쓰카 데이지로(平塚定次郎)는 정부의 회계감사원 검사관으로 고위공직자에 속하며 일찍부터 서양문화를 접한 개명관료였다. 독일어가 유창하여 당시 상법의 초안을 작성하던 독일인 법학자 로에즈엘 측근으로 통역을 담당했으며 메이지 헌법의 초안 작성을 위해 구미제국을 순방하기도 했다.

어머니 쓰야는 옛 도쿠가와 가문 주치의 집안 출신으로 인텔리 남편에 걸맞은 부인이 되기 위해 영어를 배우거나 유능한 안주인 노릇을 위해 재봉, 봉제, 자수 등을 배울 정도로 열성적인 여성이었다.

라이초는 서양적인 생활양식을 좋아하는 부모 밑에서 세 자매의 막내로 태어나 가족들의 따뜻한 사랑 속에 성장하였다. 어렸을 때 부모 손을 잡고 자주 동물원, 식물원 나들이를 하고 집에서 카드놀이나 주사위, 오목 등의 오락을 즐기는 등 화목한 가정에서 자라났다. 그녀는 태어날 때부터 성대가 약해 큰 소리가 잘 안 나오는 체질이었다고 한다. 어렸을 때는 구미 체험을 한 아버지의 영향으로 서양풍의 생활양식과 자유로운 분위기 속에서 성장하였으나 소학교에 입학한 직후부터 아버지는 당시의 국수주의적인 사회 분위기로 인해 하루아침에 일본적인 가풍으로 자녀들을 교육하기 시작했다.

라이초는 어린 시절 양복을 입고 서양풍으로 생활했다. 하지만 1890년대 유행한 일본풍 문화로의 회귀를 뜻하는 국수주의와 청일전쟁 내셔널리즘이 고양되면서 사회 분위기가 복고풍으로 바뀌었다. 라이초 집안도 응접실에 다다미를 깔고, 기모노를 입고, 집에 걸린 이국의 사진도 교육칙어 액자로 바뀌게 되었다.

라이초가 유치원에 들어간 1890년에는 교육칙어가 반포되고 소학교 시절에 청일전쟁을 겪었다. 일본은 삼국간섭으로 조선을 식민지 삼고자 했던 계획이 좌절되자 러시아에 대한 복수심을 부추기고자 했다. 이때 라이초 역시 학교에서 선생님들이 '와신상담' 구호를 외치는 걸 들었다고 회상하고 있다. 당시는 우리의 도덕교육에 해당하는 수신(修身)과목과 교육칙어 시간에 학교 현장에서는 끊임없이 천황제 이데올로기를 주입하고, 여학교에서는 현모양처를 강조하는 교육으로 일관한 시대였다.

그녀는 소학교를 졸업한 뒤 아버지의 권유로 도쿄 여자사범학교 부속 고등여학교에 입학하여 5년간 메이지 여성교육의 중심이었던 양처현모 교육의 세례를 받게 된다. 하지만 그녀는 자아에 눈을 뜨면서 가부장적인 아버지와 자신이 받는 여학교 교육에 강한 불만과 반감을 느끼게 되었다. 후지산 등반계획에 대해 여자아이가 가는 곳이 아니라거나, 계집애에게 영어는 필요 없다는 아버지의 말씀과는 반대로 영어 공부에 매진했다.

'해적단'이라는 동아리를 만들어 여학교 교육, 인습적 결혼에 반발하여 동아리 회원끼리 앞으로 결혼하지 않겠다는 서약을 한다든지, 수신 시간을 보이콧하는 등의 반항적 사춘기를 보냈다. 자아에 눈뜨면서 탐욕스러울 정도로 독서에 열중하여 "나무 벌레처럼 책을 물어뜯었다"고 할 정도로 다양한 책을 탐독했다. 또한 '신은 무엇이며 나는 무엇인가, 진리는 무엇이고 사람은 어떻게 살아야 하는가'라는 문제로 번민하는 나날을 보냈다고 술회한다. 라이초의 말을 빌리면 대학 졸업 전 그녀는 신경질적이고 겁쟁이며 고독했고 사람들과 얘기하는 것을 싫어하는 내성적인 아이였다. 그래서 강의에 출석하기보다는 도서관이나 집에서 책만 읽는 생활을 했다고 한다.

여자에게 대학은 필요 없다는 아버지의 반대를 무릅쓰고

대학진학 뜻을 굽히지 않았던 라이초는, 부친의 주장대로 가정학부를 가는 조건으로 겨우 대학에 입학할 수 있었다. 나루세 진소(成瀨仁蔵)가 학장으로 있었던 일본여자대학은 당시 여자가 들어갈 수 있는 유일한 대학으로, 사상가로 유명한 학장의 웅변에 심취하여 그의 신도가 되는 학생들이 많았다고 한다. 어머니는 라이초의 대학 진학을 지지했다. 이후 「세이토」 창간뿐 아니라 라이초의 삶에서 어머니의 지지와 응원은 대단한 것이었다.

대학시대

1872년 메이지 신정부는 처음으로 전국적으로 호적조사를 시행하여 가족을 호(戶)를 중심으로 파악했다. 호주는 국가에 대해 납세와 가족의 취학·징병 등의 의무를 지고 가족을 통솔하는 역할을 부여받았다. 호주가 막대한 책임과 권한을 갖는 호주제도는 에도시대부터 전통적으로 내려온 이에(家)제도의 사상을 근간으로 제도화된 것이다.

메이지 초기 정책으로 사민평등령에 의해 여성은 신분상의 제약 없는 결혼, 외국인과의 결혼도 합법화되었다. 1873년에는 처가 제기하는 이혼청구권도 인정받게 되었다.

첩의 존재 또한 인정돼 호적에도 배우자로서 처 다음으로 기재되었고 형법에서도 첩은 2촌으로 규정하였다.

이에 대해 일부일처제를 중시하는 계몽사상가들로부터 격한 비판을 받아 1880년 형법 제정 때 '첩'이라는 글자는 지워지게 되었다. 그리고 형법에서는 처에게만 간통죄를 규정하고 남편이 미혼의 여성과 부정을 저질러도 간통죄는 성립되지 않는 등 형법상 부부에 대한 법 적용에 큰 불평등이 존재하였다. 또한 1872년의 창기해방령에도 불구하고 자유의사에 의한 창기업은 인정하였기 때문에 공창제도는 계속 존속하였다.

메이지 헌법체계 아래 민법에서 규정한 여성의 지위를 보면 여성의 권리와 자유가 매우 제한되었음을 알 수 있다. 집회 및 정사법에서는 여성의 정치결사의 가입과 정담 집회에 참가하거나 발기인이 되는 것을 금지하고 있었다. 그리고 장자의 호주상속, 처의 간통을 이혼 사유로 인정, 자녀에 대한 친권은 부(父)에 소속함 등의 가부장적 성격이 강한 민법체계는 천황제를 지탱하는 기반으로서의 '가(家)'의 개념이 강화된 법체계였다.

정부는 메이지 민법을 도덕적 의식 강화 수단으로 사용하였다. 교육칙어를 반포하여 국민을 유교적인 도덕 실천을 통한 충량한 신민으로 만들고자 노력하였다. 교육칙어는 국민한 사람 한 사람이 가족질서를 지키고 그를 통해 천황에게 충성을 바친다는 천황제 가족관을 전형적으로 보여주는 것이었다. 그리고 국정교과서와 수신교육을 통해 교육칙어는 각계각층의 국민에게 널리 침투되었다.

도덕교육에 해당하는 수신과목의 교과서에는 "남자는 성장한 후 집의 주인이 되어 직업을 갖고 여자는 처가 되어 일가를 돌보고 가정의 화락을 꾀함은 결국 일국의 양풍미속을 만드는 일이 된다. 여자는 어머니로서 아이를 키우는 것의 의의는 나중에 그 아이의 됨됨이에 영향을 주고 나아가서는 국가의 성쇠와도 관련된다는 것이다"라고 성역할론과 모성으로서의 여성을 강조하고 있다.

이같이 집안을 지키는 여자의 역할을 강하게 가르친 것은 고등여학교의 이른바 양처현모 교육이었다. 민법이 공포된 다음 해 1899년 고등여학교령이 공포되어 여자의 중등교육 제도가 확립되었고 전국 각 부·현에 공립고등 여학교가 하나씩 설립되었다. 4년제 수업연한의 고등여학교는 1900년에 52교, 1,984명이었던 것이 1910년의 통계를 보면 193교에 재학생이 5만 6,000명으로 4배 가깝게 증가했음을 알 수 있다. 남녀의 의무교육 취학률이 95%를 넘고 고등여학교의 진학자가 증가한 메이지 후기 무렵이 되면 기존의 전통적인 결혼, 교육관은 크게 무너지고 근대교육에 의한 결혼, 가족관이 국민 각층에 자리 잡게 되었다.

라이초는 1903년에 '여자를 사람으로 부인으로 국민으로 교육한다'는 교육방침을 동경하여 일본여자대학 가정학부에 입학하였다. 본인의 희망으로 들어갔으나 러일전쟁이 발발하며 국가주의적 교육 일색으로 변하게 되면서 라이초는 대학생활에 환멸을 느끼게 되었다.

이러한 메이지시대의 여성교육과 20세기 초 일본의 대학생 등 인텔리 청년층에 유행했던 '인생이란 무엇인가, 사는 의미란 무엇인가'와 같은 인간 내면의 문제를 고민하는 시대사조에 영향받았다. 이후 라이초는 기독교에 입신하고 임제종(臨濟宗)의 사찰에서 좌선에 정진하기도 했다. 그녀는 대학 졸업학년 여름에 의식의 심부에 있는 자기 자신과 만나는 견성을 체험하기에 이른다. 이러한 신비체험의 지향이 라이초의 페미니즘 사상 저변에 계속 남아 있다고 보인다.

라이초는 대학 시절 엄청난 독서열에 불타 종교, 철학, 윤리 방면의 서적을 탐독하면서 자아 찾기에 몰두하였다. 그녀의 자서전 『내가 걸어온 길』 「인생의 탐구」장을 보면 「신을 구하여」라는 글이 나온다. 이를 읽어보면 당시의 시대 상황과 무관하지 않음을 알 수 있다. 문명개화라는 이름의 강력한 서구화 정책으로 맹목적으로 서양을 따라 하던 풍조가 시들해지면서 그에 대한 반동으로 회의와 번민의 사회적 분위기가 생겨났다. 고등교육의 보급에 따라 새로운 패러다임을 구하는 사상적 요구가 나타난 것이다.

도쿄제국대학 학생이었던 후지무라 이사오가 간토노간(巖頭之感)이라는 유서를 남기고 닛코의 화엄 폭포에서 투신자살한 사건이 있었다. 이 사건은 당시 청년층에 큰 충격을 주었고 번민한 끝에 자살하는 청년들이 줄을 이었다. 정신적 회의와 번민을 안고 방황하는 청춘 문화에 라이초도 크게 공감했다. 따라서 그 해답을 찾기 위해 기독교에 입신하거나 선원에 가서 참선을 하는 등 그녀도 방황과 모색기의 청춘 시절을 보내고 있었다.

견성체험

자아를 찾아 번민하며 자신의 길을 모색하던 라이초는 대학 졸업 후 선원에 다니며 참선에 매진하게 된다. 이마기타 고텐(今北洪川)의 『선해일란(禪海一瀾)』이라는 책을 읽고 선종 사상에 심취하여 매일 좌선을 거듭하다 드디어 깨달음을 얻는 견성체험을 하게 된다. 그녀는 이 시기를 그녀의 일생에서 가장 생명력이 가득하고 충실한 최고조의 정신적 차원에서 살았던 시기라고 회상할 정도였다.

이때의 체험은 이후 그녀의 삶에도 큰 영향을 미친 것으로 보이며 라이초의 사상적 배경을 찾아볼 때 중요한 부분 중 하나가 바로 이 선(禪) 사상이다. 일본이라는 지역은 사상이나 정신사는 동아시아적 배경을 가지고 있으면서도 지진·태풍·화산 등 자연재해가 많은 열도적 자연환경과 지배적인 무사 문화의 전통 등으로 동아시아 내에서도 이색적인 역사와 사상이 펼쳐진 곳이다.

특히 참선을 중시하는 선불교 사상은 일본의 사상과 문화를 잉태시킨 토양이라 하지 않을 수 없다. 한국과 달리 일본의 불교는 메이지유신 전까지 무사 정권과 매우 밀착된 주류문화를 형성해왔고 다도나 꽃꽂이, 수묵화, 정원 등 선 사상과 밀접한 생활문화를 만들어왔다. 메이지유신 이후 국가신도 체제를 만들면서 불교가 배척되고 쇠퇴하기는 했으나 일본인들의 사생관이나 세계관에 미친 영향은 이루 말할 수 없을 정도였다.

라이초가 메이지시대의 양처현모주의의 여성교육을 계속 받아오며 그에 대한 반발과 환멸을 강하게 느끼고 많은 번민에 빠져 방황하게 되었을 때 그녀에게 큰 위안을 주고 길잡이가 되어준 것이 선 사상이었다. 라이초의 사상적 특징이라 할 수 있는 조용한 열정, 자유로움, 발상의 예리함 등은 참선에서 얻은 사상적 훈련과 관련이 있는 것으로 라이초

연구자들은 지적하기도 한다.

라이초가 참선을 만나게 된 배경에는 메이지 후기 청년들 사이에 만연했던 번민과 회의라는 청년문화를 언급하지 않을 수 없다. 이러한 청년문화는 신식 고등교육을 받은 인텔리 청년들이 늘어나면서 개인주의의 성장으로 자의식이 강해진 청년층이 입신 출세주의로 대표되는 근대 학력사회에 반발하면서 '번민 청년'과 같은 일군의 청년들이 대두하였다고 해석한다.

이는 봉건사회와 달리 대다수의 청년이 학생이라는 신분으로 노동에 종사하지 않는 유예기간을 누리게 된 점 등이 합쳐져 일종의 사회현상으로 나타났다. 인텔리 청년들이 번민하다 자살을 택하는 사건들이 이어질 정도로 일종의 청년문화의 한 부분을 이루었다고 할 수 있다.

라이초가 자신을 찾기 위해 방황하고 번민하는 과정에서 하나의 통로가 된 것이 바로 선과의 만남이었다. 그녀는 나중에 견성 체험의 경지는 여성에게 잠재된 천재성을 충분히 발휘시키는 진정한 자유해방이라고 쓸 정도였다.

내가 나를 유리할 때 잠자고 있는 천재성이 발현된다. 우리들은 우리들의 숨겨진 천재성을 위해 나를 희생시키지 않으면 안 된다. 이른바 무아지경이 되어야 한다.

성인이 된 라이초의 사상형성 배경에는 서양적인 부분과 선과 같은 동양적 부분이 혼재되어 있다고 보인다. 미국의 사회학자 레스터 워드의 『여성중심설』, 영국의 성과학자 해블록 엘리스의 『성의 심리학』 『성적 특질』 등의 책에도 공감했다고 한다.

1906년 일본여자대학을 졸업하고 라이초는 니소 학사(二松学舎)에서 한문을, 쇼치쿠여자영학교와 세이비여자영학숙에서 영어를 배우며 점차 문학에 눈뜨게 되었다. 도쿄제국대학 출신인 신임교사 이쿠타 조코(生田長江)에 사사하며 이쿠타와 모리타 쇼헤이(森田草平)가 주최하는 여학생을 대상으로 한 문학강좌인 규수 문학회에 참가하게 된다. 그러면서 나쓰메 소세키의 문하생이었던 모리타와 연인관계를 맺게 되었다. 라이초가 처음 쓴 소설 「사랑의 말일」을 모리타가 칭찬하는 편지를 보낸 것이 계기였다고 한다. 이미 가정이 있었던 모리타와 이루어지기 힘든 사랑을 비관해서인지 이유는 분명치 않으나, 둘은 동반자살을 결심하고 집을 나선다. 일설에는 이탈리아의 시인 가브리엘레 단눈치오의 『죽음의 승리』라는 책에 공감해서라는 이야기도 있다.

"내 생애의 시스템을 관철하겠다"는 메모를 남기고 라이초는 겨울 눈 내리는 시오바라의 숲으로 향했다. 이 사건은 모리타의 자살시도 포기와 집을 나갈 때 라이초가 남긴 유서를 보고 가족들이 경찰을 동원해 그녀를 찾으면서 미수로 끝났으나 세간으로부터 받은 비난과 야유는 엄청난 것이었다.

특히 동반자살을 결심한 여자가 당시로서는 드문 여대 졸업생이며 고위 공직자의 영애라는 것 때문에 더더욱 세간의 화젯거리가 되었다. 당시 신문에는「영애의 실종」「정사 미수」「선학(禪学) 영애」「후지무라 이사오의 전철을 밟다」등 선정적 기사가 실리면서 이 사건은 사회적으로나 개인적으로도 큰 파장을 불러일으켰다. 유부남을 파멸에 이르게 한 마녀 취급을 받으며 한동안 매스컴의 좋은 사냥감이 되고 말았고 그녀의 아버지는 직장을 잃고, 그녀의 이름이 일본여자대학의 졸업생 명부에서 지워지게 될 만큼 사건의 후유증은 컸다.

이 사건을 수습하는 과정에서 사회의 냉대와 여성의 어려움을 실감한 라이초는 자아에 눈을 뜨고 새로운 길을 모색하게 되었다. 이 사건을 겪으며 시골에 은거하며 침잠하던 그녀는「세이토(青鞜)」라는 일본 최초 여성들의 손으로 만든 여성잡지를 발간하기에 이른다. 사랑의 도피행으로 성과 사랑, 남녀문제, 여성문제 등을 절감하면서 한 여성으로 세상에 대한 외침을 시작한 것은 아닐까.

제2장 「세이토」와 새로운 여자의 탄생

1911년 푸른 스타킹이라는 뜻의 「세이토」라는 잡지가 여성들의 손으로 만들어져 세상에 나왔다. 「세이토」는 본격적인 여성문예지의 간행을 촉구하던 라이초의 문학선생이었던 이쿠타 조코(生田長江)의 권유와 그녀와 뜻을 같이한 여성 5명의 힘으로 만들어졌다. 중심 멤버는 라이초 외에 라이초집에 기숙하던 일본여대 국문과 출신 야스모치 도키코(保持研子)와 도키코의 대학 동기생이며 당시에는 드물었던 부인기자 출신인 나가노 하쓰코(中野初子), 기노우치 데이코(木内錠子), 모즈메 가즈코(物集和子)로 대부분 일본여자대학 졸업생들이었다.

그리고 라이초의 어머니 쓰야 또한 「세이토」 탄생의 중요한 인물 중 한 명이다. 어머니는 줄기차게 여염집 규수와는 다른 행보를 보이는 딸을 언제나 응원하고 지지해준 든든한 버팀목이었고 「세이토」 창간 비용도 라이초의 혼수 자금을 흔쾌히 내어줄 정도로 깨인 여성이었다.

나가누마 지에(長沼智惠)가 그린 표지와 '원시 여성은 태양이었다'라는 라이초의 발간사와 당대 유명한 시인 요사노 아키코(与謝野晶子)가 지은 '산이 움직인 날이 오다'라는 시로 시작하는 창간호가 세상에 나왔다. 그때부터 하루라는 본명 대신 그녀는 '라이초'라는 필명을 쓰기 시작했다. 창간사에서 "부인도 언제까지나 잠자고 있을 때가 아니다. 빨리 눈을 떠 하늘이 부인에게도 부여한 재능을 충분히 펼쳐야 한다. 지금 우리는 부인들만 모였고 부인을 위한 사상, 문예 수양의 기관으로 세이토사를 만들어 잡지 「세이토(靑鞜)」를 무명의 동지 부인들에게 개방한다. 우리는 나중에 여기서 뛰어난 여류 천재가 나올 것을 바라고 또 믿는다"라고 발간의 뜻을 밝히고 있다.

푸른 스타킹의 번역어인 세이토로 잡지명을 정한 것은 잡지 발행의 산파 중 한 명인 이쿠타 조코였다. 여성문학지를 지향한 그는 라이초와 잡지 발행을 준비하며 이채로운 여성 문학가 비평 그룹을 지칭하던 블루 스타킹에 착안하여 명명

했다고 한다.

패션의 일부인 스타킹과 페미니즘은 어떤 관련이 있을까. 일반적으로 여류문학자, 문학을 좋아하는 여성 등을 뜻하는 '블루 스타킹'은 18세기 중엽 런던의 남녀지식인이 참가한 한 사교모임에서 비롯되었다. 여류작가인 엘리자베스 몬태규의 살롱에 모인 회원들이 당시의 검은 스타킹이 아닌 푸른 스타킹을 신어 화제가 되면서 여류문학인들을 지칭하는 뜻으로 사용됐다.

18세기 영국 해외무역의 팽창과 부의 축적은 설탕을 넣은 홍차의 유행과 함께 엄청난 소비혁명을 일으켰고 사회 각층의 지적 네트워트의 번성으로 이어졌다. 이러한 소비혁명과 여성들의 지적네트워크가 결합된 사례가 블루 스타킹이라 할 수 있다.

런던 중상류 계층 지식인 여성들의 살롱을 통틀어 그렇게 부르게 되었고 홍차 등을 마시며 문예와 문화를 주제로 대화를 나누던 사교집단의 탄생으로 이어졌던 것이다. 블루스타킹은 런던의 다른 사교모임들과는 달리 학술적이고 문학적인 분위기가 강했으며 여성 회원들이 적극적이어서 그와 같은 뜻을 지니게 된 것이다.

블루 스타킹이라는 호칭은 영국에서 처음 시작되어 프랑스나 독일을 비롯하여 유럽 여러 나라에서도 이에 상당하는 용어가 쓰이게 되었다. 처음 영국에서 이 용어가 사용되었을 때는 해학적 의미를 띤 것으로 동료 중 누군가를 지칭하는 말이었지만 뒤로 갈수록 문학에 종사하는 여성이나 문학 취미를 뽐내거나 학문을 자랑하는 여성에 대한 멸칭의 의미를 담아 사용하게 되었다.

「세이토」 창간호

1911년 9월 1일 여성 5명의 손으로 만든 여성잡지가 첫울음을 터뜨렸다. 시오바라 사건으로 세상으로부터 비난받고 상상하지 못했던 여러 일을 겪으며 쌓였던 것들까지 더해져 더욱 뜨거운 마음으로 잡지를 빚어낸 느낌이 든다.

"원시 여성은 태양이었다."

새벽녘에 단숨에 써 내려갔다는 "원시 여성은 태양이었다"로 시작하는 이 유명한 문장은 일본 여성운동사의 상징적인 구호로 여겨져왔다.

원시 여성은 태양이었다. 진정한 사람이었다. 지금 여성은 달이다.

타자에 의지해서 살고 다른 빛으로 빛나고 병자처럼 창백한 얼굴의 달이다.

우리는 숨어버린 우리 태양을 찾아와야 한다.

숨은 우리 태양을, 숨은 천재를 발현하라.

자 여기 「세이토」는 첫울음을 울었다.

여성이 하는 일은 지금 그저 조소를 부를 뿐이다. 나는 알고 있다. 조소 뒤에 숨어 있는 어떤 것을

그리고 나는 조금도 겁나지 않는다.

하지만 어찌할 것인가 여성 자신 위에 얹어진 새로운 수치와 오욕의 비참함을

여성은 이리도 구토해야 하는가

아니, 진정한 사람이란……

우리는 오늘의 여성으로서 할 수 있는 것을 했다. 마음의 모든 것을 다해 낳은 아이가 이 「세이토」인 것이다. 좋다 그 아이가 저능아이건 기형아이건 미숙아이건 할 수 없다. 우선은 이 것으로 만족하자고.

정말 마음의 모든 것을 다했는가. 누가 누가 만족할 수 있을 것인가.

나는 여기서 더 많은 불만족을 여성 자신을 위해 새롭게 했다.

여성이란 이리도 변덕쟁이일까

아니 진정한 사람이란

그러나 나로서는 이 한여름 태양에서 태어난 「세이토」가 엄청난 열로 열살시킬 만큼 그만큼 맹렬한 성의를 갖고 있음을 놓치지 않는다.

열성, 열성. 우리들은 오직 이것으로 갈 것이다.

열성이란 기도력이다. 의지의 힘이다. 선정력(禪定力)이다. 신도력이다. 바꿔 말하면 정신집주력이다.

신비로 통하는 유일의 문은 정신집주라고 한다.(중략)

나는 정신집주의 한가운데에서 천재를 구하려고 한다.

천재란 신비 그 자체이다. 진정한 사람이다.

여기서 천재를 강조하는 것은 위대한 천재의 소유자를 숭배하라는 의미가 아니다. 각각의 여성이 자신의 마음속에 숨어 있는 천재를 완성으로 발휘하는 것이 진정한 사람이 되는 자유해방의 경지에 다름아니다.

16쪽의 장문으로 이어진 일본 최초의 여성선언문은 여성의 숨어 있는 천재성과 힘을 발휘하라고 외치고 있다. 이렇게 일본 최초의 여성에 의한 문학잡지가 첫걸음을 떼기 시작했다. 아직 여성교육이 많이 보급되지 않았던 이 시기에 고등교육을 받은 인텔리 여성들을 중심으로 메이지시대의 양처현모적 여성교육과 여성상에 반발하여 도전장을 내고 목소리를 내기 시작한 것이다.

신여성의 탄생인 것이며 "우리들은 숨어 있는 우리 태양을, 숨어 있는 천재를 발현하자"라며 태양이었던 여성을 회복하고 숨겨져 있던 여성 안의 힘, 즉 천재를 발견하라고 외치고 있다. 여기에서 천재는 다양하게 해석될 수 있겠지만 그동안 억압받고 제대로 평가받지 못했던 여성의 힘 또는 창의력 등으로 이해된다. 그녀는 이 천재는 '정신집주'에 의해 가능하다고 설파한다.

그와 함께 '산을 움직이는 날이 오다'라는 시를 쓴 요사노 아키코(与謝野晶子)는 오사카 출신의 시인으로 1900년에 요사노 뎃칸(与謝野與謝鐵幹)이 주재하던 『묘조(明星)』에 참가하여 작품 활동을 하였고 1901년에 『흐트러진 머리』라는 시집을 출판했다. 당대 유명 시인이었던 요사노 뎃칸과 결혼하였다. 가정이 있는 요사노 뎃칸과의 사랑을 거침없이 시로 표현하여 세상에 큰 충격을 주었고 그 사랑을 쟁취하여 11명의 아이를 낳아 기르며 자신의 문필작업을 정열적으로 해낸 당차고 뜨거운 시인으로 유명한 인물이다.

러일전쟁 때는 뤼순에 출정한 남동생에게 '너는 절대 죽어서는 안 된다'라며 반전의식을 드러내 군국주의적 분위기가 팽배하던 당시에 엄청난 비난을 받으면서도 시가 거짓을 표현해서는 안 되고 여성은 본시 전쟁을 싫어한다는 말로 세상과 맞선 인물이기도 한다. 라이초와 요사노의 인연은 요사노가 규수 문학회의 강사로 왔을 때부터 시작되었다.

산이 움직이는 날이 오다
이렇게 말해도 사람들은 안 믿으리라
산은 오랫동안 자고 있을 뿐
그 먼 옛날에
산은 모두 불에 타서 움직인 것을
그래도 믿지 않아도 좋다
사람들이여 아 오직 이것을 믿으시오
모두 잠들어도 여자는 지금 눈을 뜨고 움직이고 있음을

일인칭만의 이야기일까
나는 여자다

채찍을 잊지 말라고
짜라투스트라는 말했지
여자야말로 소가 되고 양이 되라

덧붙여 들로 가라고
산이 움직이는 날이 오다
이렇게 말해도 사람들은 믿지 않으리
산은 잠시 잠들었을 뿐
태초에 산은 모두 불에 타 움직였음을
그래도 믿지 않아도 좋다
사람들이여 아 다만 이것만은 믿어주오
모두 잠든 여자 이제 자각하여 움직임을

일인칭으로만 글을 쓰자 나는 여자다
일인칭으로만 글을 쓰자 나는 나는

이마에도 어깨에도
내 머리 흘러내리고
기진맥진해서 폭포를 맞는 심정
숨은 불처럼 거칠어지고
이를 모르는 남자
나를 칭찬하고 언젠가 고마워할지니

나는 사랑한다 새 수정 그릇을
물을 부으며 눈물처럼 흐르고

꽃을 꽂으면 불처럼 탄다

생각건대 만약 졸렬한 남자 손에 깨져 없어진다면

구운 토기보다도 약하고 가엾어라

요사노는 시인답게 "산이 움직이는 날, 일인칭으로 표현하는 날이 왔다"는 강렬한 메시지를 던졌다. 이러한 여성들의 자아선언은 메이지 여성교육의 모토였던 양처현모 교육에 대한 도전장이었고 사회적으로도 큰 파문을 던진 사건이었다. 「세이토」 창간호가 발간되자 매일같이 뜨거운 마음을 담은 편지가 쇄도하고 구독신청이 줄을 이었다.

"여성들이여 깨어나라!"라는 라이초의 호소는 독자들이 직접 찾아올 정도로 예기치 못한 큰 반향을 일으켰다. 「세이토」의 출현은 출구를 찾지 못하던 여성들의 마음에 등불 같은 존재로 출현했음이 틀림없다. 이때부터 쓰기 시작한 필명 '라이초(雷鳥)'는 3,000미터가 넘는 고산에 사는 뇌조로 겨울엔 순백의 깃털로 바뀌며 고매하고 늠름한 기상을 가졌다는 의미에서 정했다고 한다.

메이지시대의 여성잡지는 메이지유신의 슬로건인 문명개화의 실현을 목표로 다양한 신문과 잡지가 탄생하면서 시작되었다. 초기에는 정론 신문이 주를 이루었으나 점차 대중신문, 잡지, 여성잡지 등 다양한 매체가 급속히 지면을 확대해 나갔다. 그 이유로는 서양으로부터의 인쇄기 도입으로 대량 출판이 가능해진 점, 의무교육의 보급으로 지식인층의 확대로 인한 대중매체의 독자층이 두터워진 점, 여성교육의 보급에 따라 일반 신문의 가정란이나 본격적인 여성잡지가 등장하였다는 점을 들 수 있다.

일본 최초의 여성잡지는 1885년 발행된 「여학잡지」다. 여학교의 증가와 메이지 여성교육이 표방한 현모양처 교육이 저변으로 확대되면서 여학생이라는 독자를 대상으로 많은 잡지들이 탄생하게 되었다.

청일전쟁 무렵 잡지는 비약적으로 부수의 증가세를 보여 신문에 이어 새로운 매스미디어로 자리 잡았다. 성인 여성을 대상으로 하는 계몽형 여성 종합잡지인 「여학세계」를 비롯하여 1만 부의 판매 부수를 자랑하는 국민 잡지인 「국민지우(国民の友)」의 자매지로서 도쿠토미 소호(德富蘇峰)가 편찬한 「가정잡지」가 1892년 출판된 것을 필두로 150개 이상의 부인잡지가 탄생하였다.

대부분의 여성잡지는 양처현모를 목표로 그에 걸맞은 정보와 교양을 제공하는 역할을 담당하였다. 이에 비해 1907년 자유민권 운동기에 여성의 지위 신장을 주장했던 후쿠다 히데코(福田英子)가 무정부주의자 이시카와 산시로(石

川三四郎)와 함께 창간한 「세계부인」은 양처현모 사상에서의 탈피를 꾀했으나 제38호로 폐간되었다. 양처현모 사상에 충실한 기존의 부인잡지 가운데 1911년 창간된 「세이토」는 반(反)현모양처형 잡지로서 새로운 시대를 열어젖힌 상징적이고 독보적인 존재였다.

세이토는 신여성의 산실이며 실험실의 역할을 담당하였다. 세이토의 여인들은 일본 사회의 인습, 메이지의 가족제도, 여성을 정치적 무능력자로 보는 메이지 민법체제 등 기존의 통념과 인습에 반발하여 일어났다.

「세이토」의 출발점에는 메이지시대의 여자교육 확대로 교육받은 여성의 자각이 있었다. 점점 강화되어 가던 양처현모 교육과 천황제 국가를 지탱하는 가족국가관이라는 이데올로기 교육 속에서 점차 그 모순과 부조리를 자각한 여성들의 움직임이라는 의미를 지닌다. 여성의 자아 해방, 자기 확립이라는 자기 과제를 실천하려는 첫걸음이었던 것이다.

「세이토」 창간호는 라이초와 요사노 아키코의 글 외에 소설, 하이쿠(俳句: 일본 특유의 짧은 시), 희곡 등이 실려 초기에는 문학잡지적인 성격이 짙었다. 「세이토」의 소설들은 여성 작가들이 여성을 테마로 쓴 작품들이 대부분인 점이 가장 큰 특색이다. 성을 둘러싼 갈등과 부조리 등에 이의제기한 페미니즘 문학인 점에서 새롭게 조망할 수 있겠다.

제1호의 「편집실로부터」에는 "「세이토」는 여자들 각자가 천부의 재능을 충분히 발휘하기 위해 자기를 해방하려 하는 최종 목적하에 서로 손잡고 크게 수양 연구하여 그 결과를 발표하는 기관으로 삼고 싶다는 것이 원래 목적입니다. 그래서 잡지를 위한 잡지가 아니고 어디까지나 우리를 위한 잡지로 하고 싶다고 생각합니다"라고 간행 목적을 밝히고 있다.

1월호의 「부록 노라」, 6월호의 「부록 마그다」(제2권 제6호)의 영향도 있어 세이토사(社) 주변에서도 '새로운 여자' 논의는 점차 뜨거워져갔다. 요미우리신문 같은 정론 신문에서도 '새로운 여자' 시리즈를 연재할 정도였다. 또한 세이토사가 새로운 여자를 대표하는 모임으로 자리매김하게 되었고 그녀들의 언행이 자주 세간에 오르내리며 주목을 받기도 했다.

특히 「세이토」를 논할 때 당시 일본에서 상연되어 큰 반향을 일으킨 입센의 작품 「인형의 집」을 빼놓을 수 없다. 세이토의 사원들은 제국극장에서 마쓰이 스마코(松井須摩子)의 열연으로 인기를 끈 「인형의 집」을 단체로 관극하고 「인형의 집」 주인공 노라에 크게 공감하여 「세이토」에 노라에 대한 합평회를 부록으로 싣는 등 큰 관심을 보였다. 노라는 새로운 여성의 대명사가 되어 세이토사 동인들과 연결되어간다. 「세이토」 제3호에서는 부록으로 「인형의 집」 관련 참고문헌을 게재할 정도였고 「세이토」에 사원들의 작품에 대한 비평 및 감상을 다수 실을 정도로 열성적인 모습을 보였다.

이에 대해 라이초만은 철두철미하게 노라를 비판하고 문예협회의 무대도 작가인 입센까지도 부정한다. 연극을 보며 매우 실망했다고 말한다. 편지 형식으로 쓴 글 「노라 씨에게」를 소개하면 다음과 같다.

당신처럼 철두철미 본능적이고 맹목적인 여자가 14세 소녀라면 모를까 3명의 엄마라는 사실이 일본 여성에게는 믿기지 않습니다. 당신은 인간이라면 누구라도 하고 있는 이중생활이라는 것을 하지 못했습니다. 무대 위의 배우 생활은 있으나 방관자로서 자기 일을 다른 사람 일처럼 아무렇지 않게 보는 지극히 평범한 세계를 가지고 있지는 않습니다.

당신의 가출도 맹목적인 듯합니다.

8년 동안 그렇게 살았다 하니 자각이 너무 늦은 감이 있고 거짓스럽습니다.

남편으로부터 사랑받으려고 생각하고 자신의 사랑에 대한 대가를 남편에게 바라는 그 거지 근성이 안타깝습니다. 동시에 당신이 남성의 마음을 너무나도 모른 것이 안타깝습니다.

당신은 인간선언을 하고 인형의 집을 버렸지만 당신은 인간이 된 것은 아닙니다. 그저 인간이 되어야 한다고 자각했을 뿐입니다. 당신은 남편에게 당신처럼 나도 인간이라고 말했지만 남편 또한 종류는 다르지만 인위적인 법칙에 지배받고 있는 인형에 지나지 않습니다. 독립된 그 무엇도 갖지 않는 인형, 사물의 근저에는 전혀 접근하지 못한.

노라 씨가 진정으로 자각하는 것은 지금부터입니다.

다른 평자들은 노라를 새로운 여자의 표본으로 보고 찬양일색이었던 데 반해 라이초의 평가는 매우 대조적이다. 우에노 요(上野葉)는 "오랫동안 수억 명의 여성은 노라보다 더 부당한 대우를 받고 있으며 노라의 자각은 여성의 자각이다. 현세기의 부인문제는 여성의 남성에 대한 혁명이며 새로운 노라는 새로운 여성이다"라는 논리로 노라에게 감정이입을 하고 있다. 야스모치도 「인형의 집」 전체는 부인이 무자각 상태에서 자각에 이르는 경로를 그린 것이고 남자의 자각이 급무"임을 설파하고 있다.

'새로운 여자'라는 말은 당시 유행어였고 메이지시대의 작가인 쓰보우치 쇼요(坪内逍遥)가 강연제목으로 처음 썼다고 보는 설이 일반적이다. 이 말이 「세이토」에 모이고 공감하는 여인들의 대명사처럼 불리게 된 것이다.

세이토에 개성 넘치는 다양한 동인들이 모여 세이토도 다채로워졌고 그중에서도 고키치(紅吉)라는 여성은 여자미술

대학을 나온 화가로서 남장하고 다니는 미소년 같은 개성 넘치는 존재였다. 세이토 여성들이 가십거리로 회자될 때 자주 등장하는 인물이다.

그 밖에도 이와노 기요(岩野清)나 아라키 이쿠(荒木郁), 이토 노에(伊藤野江) 등 당차고 개성 있는 사원들도 속속 합류했다.

「세이토」 멤버 중 고키치가 광고를 받으러 간 레스토랑에서 비중에 따라 색이 달라지는 술을 본 것을 오색의 칵테일을 마시는 술 파티를 벌인 것처럼 기사가 전해지면서 새로운 여자의 돌출된 행동으로 세간의 비난을 받기도 했다. 또 7월 10일의 『요로즈초호(万朝報)』에는 '여사 문사의 요시와라 나들이'라는 기사에 "히라쓰카 하루코, 나카노 하쓰코 등 세이토사의 여걸들이 요시와라 나들이를 도모하였다"고 보도하고 있다. 요시와라는 에도시대부터 에도바시에 있던 대규모 유곽으로 메이지시대에도 영업을 계속하고 있었다. 이 사건은 고키치(紅吉) 숙부의 소개로 갑자기 연락된 3명이 유곽의 기생과 이야기하고 하룻밤을 별실에서 숙박한 것뿐인 이야기가 와전된 것으로 사원들을 둘러싼 소문과 힘담이 끊이지 않았다.

당시 세이토의 여인들을 둘러싼 가십 기사는 각 신문마다

넘칠 정도로 게재·유통되고 있었다. 예를 들면 「새로워지고 싶어하는 여자」「묘한 사랑/라이초와 고키치와 쇼헤이」 등 자신들의 의지와는 상관없이 세이토사원들은 전면에 세워져 세간의 비난과 조롱거리가 되는 일이 많아졌다.

신여성들에게 쏟아지는 비난 중에는 금기를 깼다는 부분이 가장 컸다. 자신들의 쾌락을 위해 당당히 자랑스레 음주하고 남성들의 성역이었던 유곽을 갔다는 점은 성역 침범 등으로 현모양처주의자들로부터 맹비난을 받았던 것이다.

고키치는 세이토의 스캔들화나 가십거리 제공에 큰 역할을 하였고 나중에 라이초와의 불화 등으로 퇴사하여 「사프란」이라는 문학잡지를 발행하고 잡지의 장정을 담당했던 화가 미야모토 겐키치와 결혼하였다. 라이초는 이러한 고키치의 행보에 대해 신여성답지 않다고 크게 실망했다고 자서전에서 술회하고 있다.

그 사이 고키치가 폐결핵에 걸려 입원한 난코인이라는 요양원에서 편집회의 등이 열리기도 해 「세이토」 편집부가 옮겨온 것같이 떠들썩했다고 한다. 라이초는 이 요양원에 우연히 들른 오쿠무라 히로시라는 다섯 살 연하의 남성과 만나 연애를 하게 되면서 개인적으로 큰 전환기를 맞게 되었다.

「세이토」 창간 1주년의 기념호(제2권 제9호)는 화가인 오쿠무라 히로시의 흑백 도안에 잡지명만 붉은색으로 하여

227쪽 분량으로 발행되었다. 창간 1년 만에 사원 수는 74명에 달했고 세간으로부터는 신여성의 양산박으로 불리며 그녀들의 개성 있는 언행은 많은 관심을 불러일으켰다.

세이토의 신여성들이 사회적 주목을 받으며 신여성에 대한 지식 사회의 논의도 시작되었다. 당시의 신문이나 잡지들은 앞다투어 신여성의 행동 등에 비평의 글을 싣거나 신여성 특집 기사들을 게재하였다.

신여성에 대해 허용과 지지를 보내는 논조도 있으나 혹독한 비난을 하는 내용도 많았다. 창간 1주년을 맞이한 「세이토」는 세상의 엄청난 비난에 맞서야 했다. 이와노 기요도 도쿄로 이사 와 이토 노에, 조소카베 기쿠, 가미치카 이치 등 지방 출신의 새로운 인재들이 모여 진용이 갖추어진 반면 사내에는 동요가 일어나 퇴사도 빈번했다.

「세이토」가 최초의 발매금지 처분을 받은 것은 1912년 4월 18일이었다. 아라키 이쿠(荒木郁)의 소설 「편지」가 외설적 내용과 불륜을 주제로 했다는 이유였다. 여자대학 출신이 많았던 초기의 세이토사원 가운데 이쿠는 이색적인 존재로 가장의 역할을 하면서 대담하고 자유롭게 사는 여성이었다. 이 발매금지처분으로 사무실도 옮기게 되었고 '새로운 여자'로 부각되어 불이익을 당하거나 세간의 비난을 받는 일들이 속출하였다. 세간의 악평으로 거리를 두는 독자들도 늘어나는 등 수난이 끊이지 않게 되었다.

세이토의 멤버들은 이에 굴하지 않고 문학연구회를 열어 나갔고 오히려 적극적으로 '새로운 여자'에 대한 논의를 심화해나갔다. 1913년 초부터 「새로운 여자, 기타 부인문제에 대하여」라는 특집을 싣고 새로운 여성관을 세상에 피력하였다. 이런 기획의 배경에는 세간에 맞서려는 자세도 있지만 라이초가 여성문제를 더욱 자기 과제로 인식하게 된 것이 더 커보인다.

라이초는 엘렌 케이의 저작을 접하면서 여성문제, 모성 문제에 대해 더욱 관심을 갖고 논의를 심화시키게 되었다. 스웨덴의 여성운동가이자 이론가인 엘렌 케이와의 만남은 라이초의 사상에 중요하고 결정적인 영향을 미쳤다.

「세이토」의 신여성론

신여성 실험실의 대명사가 된 「세이토」를 둘러싼 여성 논객들은 「세이토」 지상이나 다른 미디어를 통해 신여성에 대한 글들을 발표했다. 다음은 라이초의 「새로운 여자」라는 글이다.

나는 새로운 여자이다

적어도 진실로 새로운 여자이고자 매일 바라고 매일 애쓰고

있다.

진실로 영원히 새로운 것은 태양이다.

나는 태양이다

적어도 태양이고자 매일 바라고 애쓰고 있다

탕반(湯盤: 고대 중국 은나라의 탕왕의 대야)에 새겨 있기를 "진실

로 매일 새롭게 나날이 새롭게 또 매일 새로워져라"라고

크도다 매일매일 새로운 태양의 덕이여, 명덕이여

새로운 여자는 '어제'에 살지 않는다

새로운 여자는 이제 학대받은 옛 여자가 걸은 길을 묵묵히 예

예하며 걷는 걸 참을 수 없다

새로운 여자는 남자의 이기심 때문에 무지하게 되고 노예가

되어 고깃덩어리 같은 옛 여성의 생활에 만족하지 않는다

새로운 여자는 남자의 편의를 위해 만들어진 낡은 도덕, 법률

을 파괴하길 원하고 있다

그래도 옛 여자의 머리에 뿌리박힌 여러 유령은 집요하게 새

로운 여자를 좇아 온다

'오늘'이 공허할 때 거기에 '어제'가 침입해 온다

새로운 여자는 나날이 여러 가지 유령과 싸우고 있다
방심하는 찰나 '새로운 여자'도 옛 여자이다

나는 새로운 여자이다. 태양이다. 단지 한 인간이다. 적어도 매
일 그렇게 되고자 바라고 매일 애쓰고 있다

새로운 여자는 오로지 남자의 이기심 위에 구축된 구도덕이나
법률을 파괴할 뿐 아니라 날로 새로운 태양을 명덕으로 심령
상에 신종교, 신도덕, 신법률이 행해지는 신왕국을 창조하길
바라고 있다 (이하 생략)[1]

산문시풍의 짧은 작품이지만 그녀의 사상의 정점을 보여
주는 글로 평가되고 있다. 「세이토」 창간 이후 3년이 지난 후
부터는 세간의 '새로운 여자' 공격에 대해 지금까지의 침묵
을 깨고 공세로 나서기 시작했다. 라이초는 역풍에 지지 않
고 「나는 새로운 여자이다」라고 선언한 제3권 제1호와 제
2호 부록에 「새로운 여자」 특집을 꾸며 세간의 비속한 공격
에 정면으로 맞섰다.
「새로운 여자, 기타 부인문제에 대하여」라는 특집을 제
1탄으로 「세이토」는 라이초 「연애와 결혼」, 이토 노에 「새로
운 여자의 길」, 이와노 기요(岩野淸) 「인류로서의 남성과 여

성은 평등하다」, 가토 미도리 「새로운 여자에 대하여」, 조소카베 기쿠 「새로운 여자의 해설」을 실으며 새로운 여자상을 제시하는 선도적 역할을 담당하였다. 무정부주의자로 유명한 이토 노에(伊藤野枝)는 「새로운 여자의 길」에서 다음과 같이 설파한다.

새로운 여자는 지금까지의 여자가 걸어서 남긴 낡은 족적을 언제까지나 찾아서 걸어가지 않는다. 새로운 여자에게는 새로운 여자의 길이 있다. 새로운 여자는 많은 사람이 막다른 골목에 다다른 곳에서부터 더 나아가 새로운 길을 선도자로서 나아간다. 새로운 길이 어디부터 어디로 가는지 모른다. 그 길에는 위험과 공포가 있을지 모른다. (중략) 선도자에게 필요한 것은 우선 확고한 자신감이다. 그다음으로 힘이다. 다음으로 용기다. 그리고 자신의 생명에 대한 자신의 책임이다. 선도자는 개척하면서 나아가는 사이에는 세속적인 이른바 위안 등은 미진도 없다. 오직 혼자다. 철두철미한 고통이다. 때로는 깊은 절망감이 엄습할 것이다. 자기에 대한 열렬한 기도의 절규만이 나올 것이다. 때문에 행복, 위안, 동정을 구하는 사람은 선도자일 수 없다. 선도자가 될 사람은 확실한 나로 사는 강한 인간이어야 한다. 선도자로서의 새로운 여자의 길은 필경 고통스러운 노력의 연속에 불과하지 않을까.

노에는 신여성을 구여성과는 전혀 다른 길을 가는 선구자이자 리더로서 강한 자아와 의지를 가진 개척자 상으로 언급하고 있으나 새로운 여자가 구체적으로 어떤 사상과 운동 내용을 갖춰야 할지, 구체적인 부분에 대해서는 분석하지 않고 다분히 선동적인 언설로 일관하고 있다.

이와노 기요(岩野淸)는 「인류로서 남성과 여성은 평등하다」는 글에서 "현대 남성이 여성보다 지적으로 앞서 있고 재능이 뛰어난 사람이 많음을 부정하지 않는다. 선배로서 남성을 존경한다. 그러나 세간의 남녀의 차를 비교하거나 신화상 남녀의 선악을 논하거나 하는 데는 찬성하지 않는다. 오늘날 여성을 남성보다 열등한 인류라고 논하는 것은 마치 유신 당시 유럽 사람들이 일본 국민을 열등인종으로 보는 것과 같은 것이다. 불교가 여성을 악마로 설하거나 아담과 이브의 신화를 근거로 여성을 논함은 남성이 만든 악담을 흉내낸 데 지나지 않는다"라며 여성해방보다 인류로서의 양성평등을 역설하여 여성의 평등을 강조한 언설을 선보였다.

가토 미도리(加藤綠)는 「새로운 여자에 대하여」에서 새로운 여자의 역사적 내용에 대해 분석하고 있다.

어쨌든 새로운 여자란 오늘날 갑자기 나타난 여자가 아닙니다. 메이지 20년대에 자유를 외치고 일어난 후쿠다 에이코 여사도 있었습니다. 그러나 이 시대의 여자는 정사나 시대를 논하여 세상으로부터 주목을 받았지만 '여자'로서 깊이 자각하고 사려한 것은 아닙니다. 열렬하기는 했지만 냉정하게 '여성'이라는 위치에 서서 생각하지 않았던 듯합니다. 요즘의 진정한 새로운 여성들에게는 심각한 시대의 번민이 있습니다. (생략)

(신여성의) 예를 들면 입센의 '노라', 고향(스탕달)의 '마그다' 같이 가정에서 처한 불합리나 압박 때문에 자각한 여자의 경우가 만들어낸 새로운 여자입니다. 또 입센 소설의 건축사인 '힐다나 헷다 가부라'(입센의 희곡 「헷다 가브라」의 주인공)같이 태어나면서 새로운 여성도 있습니다.

새로운 여자는 어떤 태도로 세상에 나서야 할까요.

먼저 남자에게 의지하지 않을 것, 직업에 의해 자활할 것도 중요하고 평생 독신으로 지낼지, 아니면 어떤 결혼생활을 할지 등 종래 생각지 못했던 심각한 회의와 번민이 있습니다.

미도리는 일본 신여성의 계보를 분석하고 다양한 신여성을 거론하며 자립적이고 강하게 살아야 하며 평생 고민과 고독을 안고 모색을 하며 나아가야 할 여성으로 신여성이 안고 있는 고민 등을 잘 표현하고 있다.

자유민권운동 때부터 여성의 평등을 주장한 후쿠다 히데

는 「부인문제의 해결」에서 "부인의 해방과 함께 남자의 해방도 이루어져야 한다. 오늘날의 남자는 여자만큼이나 어려운 상황에 처해 있으므로, 어떠한 상태에 해방이 가능할까, (중략) 철저한 공산제가 행해지지 않는 한 도저히 충분한 해방은 이루어지지 않을 것으로 생각하며 공산제가 행해질 때 연애도 결혼도 자연히 자유롭게 될 것이다"라고 공산주의 사상의 입장에서 여성해방을 주장하는 글을 발표하고 있다.

이 시기의 세이토 여성들의 신여성론은 대체로 자아의 각성과 여성으로서의 자각에 기반을 두고 양성평등이나 개척자적 여성, 공산주의적 운동 등 다양하게 나타나나 그들이 어떠한 사회를 지향하고 어떤 운동을 펼쳐나갈지의 구체적인 내용까지는 도달하지 못한 측면이 크다.

엘렌 케이와의 만남

초기의 「세이토」는 문학잡지적인 성격이 짙었으나 점차 여성론이나 부인문제를 언급한 글도 많아졌다. 라이초는 엘렌 케이의 저작을 접하면서 케이의 여성해방운동에 큰 공감을 하게 되고 자신의 여성론을 성장시켜가는 계기가 되었다. 라이초는 케이의 『연애와 결혼』을 번역하여 게재하면서 자신의 강한 자아의식보다 부인문제를 자신의 직접 문제로 인식하게 되었다고 술회한다. 그녀의 부인해방 사상의 중심인 모성주의는 엘렌 케이와의 만남으로 태어났다고 해도 과언이 아닐 것이다. 케이와 라이초의 모성 사상에 대해서는 후술하도록 하겠다.

라이초의 인생에서 1912~13년은 매우 중요한 만남이 이어진 시기였다고 볼 수 있다. 그녀의 사상에 지대한 영향을 준 엘렌 케이를 접하고 자신의 사상을 심화시킨 점, 그리고 공동생활이라는 이름의 새로운 부부관계를 맺게 된 오쿠무라 히로시와의 만남이 그것이며 이는 라이초의 사상과 행동을 이해하는 중요한 키워드라는 점에서 큰 전기를 맞이한 것으로 해석된다.

「세이토」 제3권 제2호는 다시 「부록 새로운 여자, 기타 부인문제에 대하여」라는 제목으로 후쿠다 히데(福田英) 「부인문제의 해결」, 이와노 호메이(岩野泡鳴) 「냉혹한 애정관과 부인문제」, 라이초의 「연애와 결혼」(엘렌 케이, 라이초 역)을 실었다가 사회의 안녕질서를 해쳤다는 이유로 발매금지를 당했다. 이 체험을 배경으로 발매금지를 주는 사회적 제약과 난관을 표현한 「잠긴 창에서」라는 글을 발표하고 난관을 극복하기 위해 강연회를 개최하는 한편 라이초의 발안으로 연구회를 확장하여 일반 부인들에게 개방하고 강의록 간행 계획을 세웠다. 부인이 자신을 개발할 수 있는 기관조차 없는 것을 이유로 부인들에게 편의를 제공한다는 목적으로 세이토사 문예연구회 회원 모집 광고를 내고 자주 운영 방식의 여자 문과대와 같은 내용으로 연구회를 추진하였다. 부인이라면 누구든지 참여할 수 있는 자주강좌 형식이었다.

이는 아직 제국대학이 여학생을 받아들이기 전으로 기존의 대학은 여성에게 문호를 개방하지 않고 있던 시점에서 볼 때 매우 참신하고 앞선 기획이었다고 할 수 있다. 지방에 거주하여 출석할 수 없는 회원에게는 매월 1회 「문예강의록」을 발행할 계획이었다. 「세이토」지의 기사를 통해 이 기획을 성사시키기 위해 세이토 사원들이 얼마나 고생했는지 짐작이 가지만 이 계획은 신여성에 대한 세간의 반감이나 반대로 인해 연구회장을 구하는 것조차 하늘의 별따기였다.

그리고 세상의 냉대와 싸우며 연구회원이 되도록 열성적으로 설득하며 분투하는 날들이 이어졌으나 결국 연구회 계획은 중지하지 않을 수 없게 되었다. 세이토사에 대한 세상의 비난이 높아지면서 이즈음 이쿠타 초코도 세이토사와 결별을 고하게 되었고 사무실도 옮겨 처음으로 독립가옥에 사무실을 차리게 되었다.

제3권 제10호부터는 세이토사 개칙을 개정하여 제1조의 '본사는 여류문학의 발달을 도모하고'를 '본사는 여자의 각성을 촉진하고'로 바꾸어 부인문제의 추구를 정면에 내세우게 되었다. 그리고 비활동사원이나 비협조적인 찬조회원을 정리하고 여성해방운동의 동지적 결속을 강화하는 방향으로 조직을 개편하였다.

"나는 일체의 옛것의 적이다. 나는 일체의 새로운 것의 편이다"로 시작하는 라이초의 최초의 저작집 『둥근 창으로부터(円窓より)』가 1913년 5월에 발행되어 사상적 성숙함을 보여주었으며 1914년엔 아라키 이쿠(荒木郁)의 『불의 처녀』, 이토노에가 옮긴 엠마 골드만의 『부인해방의 비극』, 히라쓰카 라이초 『현대의 부인의 생활』 등 사원들의 저서나 역서가 출판되었다.

공동생활을 시작하며 – 새로운 결혼 형태의 실천

라이초는 오쿠무라 히로시라는 연하의 화가를 만나 연애를 하고 동거를 결심하며 새로운 결혼방식을 택한 것으로 유명하다. 공동생활로 부른 이 동거는 메이지시대의 민법체계가 정한 남편 호적에 입적하기를 거부한 획기적인 것이었다.

지금의 결혼이라는 관념 그리고 현행의 결혼제도에는 절대로 따를 수 없습니다. 지금의 사회제도에서 결혼은 한 생애에 걸친 권력 복종의 관계가 아닐까요. 처에게는 재산의 소유권도 없고 그 자식에 대한 법률상의 권리도 없지 않습니까. 우리는 이같이 무법천지의 부조리한 제도를 따르면서까지 결혼할 생각도 처가 될 생각도 없습니다.[2]

그녀는 당시의 메이지 민법체제하의 호주제도를 거부하여 입적하지 않는 사실혼 관계를 지속하고자 합의하였다. 당시 여성들을 구속하던 민법체제를 반대해온 라이초다운 선택이었다. 이 또한 연애 없는 결혼은 있을 수 없다고 주장하던 그녀의 연애결혼관의 귀결이기도 했다. "어떤 결혼이라도 거기에 연애가 있으면 그것은 도덕적이다. 아무리 법률상의 수속을 거친 결혼이어도 거기에 연애가 없으면 그것은 부도덕하다"라고 말한 케이의 대담한 결혼 윤리를 수용한 측면도 있다.

지금은 없어진 일본의 구(舊)헌법, 통상 메이지 헌법, 제국 헌법으로 불리는 1898년 제정된 일본 최초 헌법체계의 민법에서는 에도시대부터 내려온 이에제도(家制度)를 인정하여 여성의 정치참여나 재산상속 등을 부정하고 여성을 가부장제에 종속된 형태로 자리매김하고 있었다.

라이초의 결혼제도 반대 발언은 메이지 민법체계에 대한 거부이자 이 민법체계의 이데올로기이기도 한 양처현모주의나 그 교육에 도전장을 내민 것이나 마찬가지였다. 그녀가 양처현모주의 교육을 받으면서 가졌던 반감이나 거부감이 이제 사상이 되어 발현한 것이라 할 수 있다.

그녀는 공동생활을 시작하며 히로시에게 8항목의 질문장을 보냈다고 한다.

– 앞으로 두 사람의 사랑 앞에 어떤 곤란이나 고난이 닥치더라도 당신은 나와 함께 잘 견딜 것인가. 두 사람의 사랑의 진실이 없어지지 않는 한 외적인 어떤 압박이 둘 위에 가해져도 당신은 나를 떠나지 않을 것인가.

– 만약 내가 끝까지 결혼을 원치 않고 오히려 결혼에 의한 남녀관계(특히 오늘날 제도로서의)를 증오한다면 당신은 이에 대해 어떤 태도를 취할 것인가.

이에 대해 히로시는 질문장 형식은 마음에 들지 않는다고 하면서도 그녀의 질문에 다 수긍하는 답장을 보냈고 이리하여 기존의 결혼제도를 따르지 않은 두 사람의 공동생활이 시작되었다.

이러한 그녀의 행보에 대해 세상의 비난은 매우 거셌고

'성욕에만 이끌리는' 여인이라는 식의 조소와 냉대는 끊이지 않았다. 혼인신고를 하지 않고 아이를 남편의 호적에 올리지 않는 새로운 형태의 결혼생활은 보수 언론의 과녁이 되기 일쑤였다. 「도쿄아사히신문」에 '골치 아픈 여자의 문제'라는 경보국장의 담화기사에서 '세이토사인가 하는 사람들은 색욕의 아귀'라는 발언이 문제가 되기도 할 정도였다.

라이초가 공동생활을 하게 되면서 지금까지 정신적인 측면이나 이론적인 면에서 논했던 성의 문제가 체험과 삶 속에서 문제를 제기하는 방향으로 바뀌어 「세이토」지에도 성과 관련된 기사들이 다수 실리게 되었다.

그 무렵 다른 사원들도 결혼이나 출산, 육아를 경험하게 되면서 「세이토」지면에는 그와 관련된 글들도 자주 올라왔다. 「처음으로 엄마가 되었을 때」의 감상에서는 출산이 너무 고통스러워 아기가 미운 적이 있었고 아기 울음소리가 적의 개선가로 들리고 출산 직후의 '추한' 모습에 폭포처럼 눈물이 쏟아졌다고 하는 솔직한 고백도 보인다. 자유연애와 자아를 부르짖으며 새로운 여성의 삶을 모색하던 그녀들이 현실의 출산과 육아라는 여성만의 경험에서 많은 갈등과 혼란을 겪었음이 잘 드러나는 대목이다.

세이토사 강연회로부터 1년 사이에 「세이토」지의 발행 부수도 줄고 활기도 많이 사라졌다. 사회적 압박과 비난에 사원들도 소극적이 되고 경영상의 사정이 겹쳐 편집과 발행 업무 일체를 라이초가 떠맡게 된 상황이 되었다. 비난과 가십거리의 대상으로 삼았던 세이토의 여인들이 엄마가 되면서 세간의 시선은 '뭐야 보통 여자잖아' 하는 실망이나 조소로 바뀌면서 「세이토」의 인기가 시들해진 측면도 있을 것으로 보인다.

1914년 가을쯤 라이초는 너무나 지쳐 있었다. 과로가 원인이었다. 집안일부터 세이토 업무, 원고 쓰기, 생활비를 위한 글쓰기로 과부하가 걸려 있었던 것이다. 게다가 그해 8월 제1차 세계대전에 적극적으로 참전한 일본은 독일에 선전포고를 하고 일본은 다시 전쟁열기로 들뜨게 되면서 여성해방을 주장하는 「세이토」지의 운영이 더욱 험로를 걷게 된 것이다. 세계대전이라는 상황은 전혀 예견치 못했던 만큼 「세이토」지에 전쟁 관련 글은 사이가 고토(齋賀琴)의 「센카(戰禍)」 (5-10, 1915년 11월) 정도였다.

라이초는 대학 시절에 일어난 러일전쟁에는 거의 관심을 표명하지 않을 정도로 전쟁이나 애국주의, 내셔널리즘에는 매우 차가운 반응을 보인다. 이는 가부장제나 국가를 여성을 억압하는 존재로 보는 시각에서 비롯된 것이다.

그 무렵 세이토의 사무실을 라이초의 자택으로 옮기게 되면서 그녀는 편집, 경영, 가사 등 모든 일을 도맡아야 했다.

결국 일에 지쳐 떨어진 라이초는 편집일은 노에에게 맡기고 히로시와 함께 이즈반도로 여행을 떠났다. 「세이토」의 인기도 시들해져 발행부수가 점점 줄어 손실액을 감당해야 했고 히로시와의 생활에 필요한 생활비까지 부담이 더해져 라이초의 경제난은 심각해지기만 했다.

세이토 일을 열정적으로 해왔던 사원들도 다수가 결혼과 출산으로 생활의 변화가 커졌다. 현실의 중압감에 눌려 보소반도에 가서 쉬는 동안 이토 노에로부터 편집발행권 일체를 양도하면 「세이토」 간행을 맡겠다는 내용의 편지가 왔다. 이에 고민하던 라이초는 세이토를 노에에게 양도하기로 결정했다.

이토 노에 편집장 시대

1915년 무렵 라이초는 야마다숙에 다니면서 『고개』라는 작품의 집필에 열중하고 있었다. 「시사신보」로부터 의뢰받은 시오바라 사건을 소재로 한 소설이었다. 그러나 갑자기 입덧이 시작되고 예전의 동반자살 미수사건에 대한 히로시의 질투도 있어 연재는 중단되었다.

노에 편집장 시대인 1915년부터 노에는 무규칙, 무방침,

무주장, 무주의의 편집방침을 내걸고 정조논쟁, 낙태논쟁, 부인사회사업논쟁 등을 지상에서 전개하였는데, 6월의 제5권 제6호 중 하라다 사쓰키의 「옥중의 여자보다 남자에게」가 풍속을 해친다는 이유로 「세이토」는 세 번째 발매금지를 당하게 되었다. 이 글은 낙태죄가 엄연히 중죄였던 시대에 낙태문제를 정면으로 제기한 대담한 글이었다.

낙태죄로 투옥된 여자가 동거 상대의 남자에게 보내는 편지 형식으로 심문하는 재판관과의 응답을 설명하며 행위의 정당성을 주장하는 내용이었다. 노에는 이에 대해 한편으로는 인정하면서도 "사쓰키 씨는 아이가 배 속에 있는 동안은 여성의 몸의 일부라고 생각하는 데 비해 나는 내 신체 안에 있는 동안이라도 아이는 자신의 생명을 갖고 불완전하나 자신의 생활을 하고 있다고 생각한다"며 견해가 다름을 피력하였다.

이토 노에가 편집장을 맡고부터 「세이토」는 기존의 문학지 성격에서 여성해방 사상지의 성격이 짙어졌다. 미국의 아나키스트 엠마 골드만에 공감하여 그녀의 저작을 번역했고 소설 『거지의 명예』를 발표하기도 했다. 이후 「세이토」지가 정조, 낙태, 매춘 등 여성과 관련된 논쟁을 실으며 논의를 심화시켰던 것은 큰 의의가 있다고 생각한다.

라이초의 정조론을 보면 성의 자기결정권을 존중하는 입

장에서 「처녀의 가치」(「신공론」 3월호)에 "부적절할 때 처녀를 버리는 것은 죄악이나 적당한 때이면서 여전히 버리지 않는 것도 똑같이 죄악이다. (중략) 습속에 의해 자기의 소유인 처녀를 취급하고 있는 데 불과하고 세간 도덕이 승인하는 형식적 결혼도 많은 경우 죄악이다"라고 말하며 물론 정조를 버리기 적당한 때에 대해서는 연애의 과정에서의 '영적 동경'에서 관능적 요구를 발하고 인격 안에서 양자의 일치·결합을 느낀 경우이고 그것은 처녀 자신 외에는 알 수 없다고 말한다. 그녀는 성의 주체적인 자기 결정권을 역설하고 있다.

오스기 사카에는 라이초의 언설을 높이 평가하면서도 '버리기에 가장 적당한 때' 같은 "천사 같은 처녀를 버리는 방법만을 상상할 수 있는가, 연애가 여성의 중심 생명이라는 도그마를 받아들일 수 있는가"라고 비판하였다. 노에의 정조론은 기존의 형식적이고 관습적인 정조 개념과 달리 사랑의 기반이 중요하기 때문에 정조를 둘러싼 고정관념이나 편견을 타파할 것을 주장했다.

매춘에 대해서는 혁명을 통해 사회제도를 바꾸지 않으면 해결되지 않는다고 노에는 주장하였고 야마카와 기쿠에는 공창제는 봉건제의 잔존물로 폐지해야 마땅하며 이를 위해 사회를 개량하고 남자의 분방함에 제한을 가할 필요가 있음을 역설하고 있다.

낙태나 피임에 관한 견해를 보면 노에는 낙태를 반대하는 이유에서 피임을 인정하나 라이초는 피임 또한 자연에 역행하고 생명경시는 마찬가지라고 말했다. 그러나 그녀 자신도 피임을 반대하는 것은 아니며 정당한 이유, 즉 생활고나 질병 등의 이유나 유해하지 않은 방법으로 행해지는 피임이라면 오히려 진보된 문명인의 특전이자 의무라고 말한다.

그러나 라이초는 개인적인 감정을 얘기하자면 죄악감이 아닌 추악의 감정을 느낀다고 했다. 이는 공포스럽고 추하고 고통스러운 행위라는 느낌이 들어 인간의 모순을 느끼면서도 그런 감정에 지배된다고 술회한 바 있다.

나는 낙태라는 말을 생각할 때 노에가 말한 '양심의 가책'은 없었다. 그것이 일본 법률에서 범죄행위(그걸 범죄로 하려면 다른 한편으로 모와 자녀를 보호하는 법률, 육아원 등 시설 완비가 필요할 것이다)이고 낙태가 육체에 미치는 영향은 인정하나 아이를 부정하는 것이 자신들의 현재와 미래 생활 전체를 위해 과연 가장 바른 것이고 현명한 것인지 또는 일시적 감정인지 물어야 할 것이다.

이러한 그녀의 견해는 그녀가 엘렌 케이의 모성론에 경도

된 것으로 보이나 그녀 자신이 모성을 경험하면서 더욱 견고한 사상으로 굳어진 것으로 보인다. 이른바 모성보호논쟁에서의 주장을 이미 갖고 있었던 것으로 볼 수 있다.

또한 낙태가 좋은 것은 아니나 피치 못할 사정이 있는 경우에는 인정해야 한다는 야마다 와카의 주장이나 부모 될 자격이 없는 사람이 아이를 낳은 것은 문제라는 하라다 사쓰키의 의견에 대해 이토 노에는 엄청난 질병이 없는 이상 자격을 논하기 어려우며 피임이 안 돼 일단 임신이 되었다면 낙태는 하지 않는 게 좋다는 의견 등을 개진하였다.

이런 논쟁들은 기존에 공론화되지 못했던 여성과 관련된 쟁점들을 이슈화하고 토론했다는 점만으로도 매우 획기적이며 중요한 의의를 가진다.

임신과 출산을 경험한 라이초가 이 문제를 이론상의 문제가 아닌 자신의 과제로 고민하며 1916년 2월, 제6권 제2호를 끝으로 「세이토」는 무기휴간되었다. 노에가 같이 잡지를 발행하던 남편 쓰지 준(辻潤)과 헤어져 무정부주의자 오스기 사카에(大杉栄)와 결혼하며 세상을 떠들썩하게 한 사건 때문이었다.

세이토를 양도한 뒤 라이초는 사회문제나 부인문제에 대해 좀 더 깊이 있게 연구하기 위해 미국에서 귀국한 사회학자인 야마다 와카(山田嘉吉)를 자주 방문해 외국어에 능통

한 와카의 남편 가키치를 스승으로 프랑스어와 엘렌 케이의
『아동의 세기』를 공부하거나 와카와 함께 사회학 서적을 같
이 읽기도 했다. 그 결과 「세이토」지에 다양한 서양 이론의
번역 글을 실을 수가 있었다. 라이초는 가키치에 대해 부인
문제의 이론에 있어 은인의 한 분으로 존경을 표하고 있다.

그러던 중 라이초는 자신의 임신을 알게 되어 큰 혼란에
휩싸여 있는 와중에 남편 히로시가 결핵에 걸려 난코인에
입원하게 되었다. 병간호를 하면서 29세가 된 해 12월에 첫
딸을 낳았다. 입적하지 않은 관계로 낳은 아이는 사생아 난
에 기재되었다.

그리고 오스기 사카에를 둘러싼 다각 관계에서 이전의 연
인이었던 가미치카 이치코(神近市子)가 오스기를 칼로 찌른
이른바 히카게차야(日陰茶屋)사건으로 세이토의 이전 멤버
였던 가미치카는 투옥되었다. 이 참극이 세이토의 종언이 된
점도 부정하기 힘들다. 이렇게 세상을 시끌하게 한 신여성들
의 이야기도 한 막을 내리게 되었다.

라이초는 본격적인 육아 생활에 접어들며 자신의 생활을
'분열'이라고 고통스럽게 표현할 정도로 일과 직업, 배우자
와 아이와 가정 등으로 분열되는 자아와 싸우지 않으면 안
되는 치열한 경험을 하게 되었다. 케이의 영향으로 모성주의
를 주장해온 그녀는 모성의 실현과 자기실현이라는 과제와

치열하게 씨름하면서 자신의 사상을 만들어나갔다.

세이토는 다양한 여성관과 세계관을 가진 논객들이 소통하는 장으로 신여성의 실험실이었다. 세이토를 요람으로 많은 여성운동가가 배출되었고 온몸으로 부딪히며 여성문제를 정면으로 제기한 점은 참으로 높이 평가하고 싶다.

다음으로 히라쓰카 라이초 사상의 중심사상이라 할 수 있는 모성주의에 대해 알아보고자 한다. 잘 알려졌다시피 엘렌 케이의 사상을 수용하며 자신의 사상을 심화시킨 점이 크므로 엘렌 케이의 사상과 대비하며 라이초의 여성운동 사상을 찾아가보기로 하겠다.

라이초와 모성주의

엘렌 케이를 만나다

엘렌 케이(Elen Key, 1849~1926)는 스웨덴의 교육사상가로 교육, 예술, 부인문제, 평화문제에 걸쳐 다양한 논지를 펼친 여성이다. 자유주의 정치가인 아버지와 귀족 출신이면서 래디컬한 성향의 어머니 밑에서 자랐고 정규적인 교육 대신 거의 독서와 지식인과의 교류를 통해 자신의 사상을 확립한 인물이다. 1900년에 간행된 저서『아동의 세기』에서 20세기

야말로 아동의 세기로 아이들이 행복하게 자랄 수 있는 평화로운 사회를 만들어야 할 시대라고 주장하였다. 이 책은 각국어로 번역되어 세계적인 주목을 받고 교육에서의 아동 중심주의 운동의 발단을 만들었다는 평가를 받고 있다.

어린이는 천부적으로 타고난 본성과 소질, 개성을 무제한으로 개발하여야 하며 어린이의 전부는 결코 어른에 의해 억압되어서는 안 된다. 이러한 그녀의 교육사상은 18세기 프랑스의 사상가 루소의 사상에 큰 영향을 받아 발전시킨 것으로 보인다.

아이를 발견자로 부르는 루소는 『에밀』에서 "자연은 아이가 어른이 되기까지 아이로 있기를 바란다. 이 순서를 완전히 바꾸려고 하면 성숙하지도 않고 맛도 없고 바로 썩어버리는 속성 과일을 열게 하는 것이 된다. 우리는 젊은 박사와 늙어빠진 아이를 떠맡게 되는 꼴이 된다. 아이들에게는 아이들 특유의 시각, 사고방식, 감성이 있다. 우리들의 상식을 강요하는 것만큼 무분별한 것은 없다"라고 말한다.

이를 넘어서 케이는 "교육은 아이가 그 안에서 성장할 수 있는 아름다운 세계를 외면적으로도 또 정신적으로도 만들어 낼 의무가 있다. 이 세계에서 아이로 하여금 타인의 권리의 영구불변 경계를 침해하지 않는 한 자유롭게 움직이게 하는 것이 앞으로의 교육의 목적이다. 19세기 전반까지 성립한 근대학교 교육제도는 어른 중심이고 아이의 선한 자연을 훼손하고 있는 점을 비판하고 학교는 각 개인을 가능한 한 발전시키고 행복하게 하는 외에 어떤 의무도 권리도 갖고 있지 않다"라고 말하며 철저한 교육개혁을 주장하였다.

아이들이 입학할 때 갖고 있던 지식욕이나 자발적인 행동력이나 관찰능력은 수학 연한이 끝날 무렵에는 대부분 완전히 없어져버리고 다른 것이 되어 있지도 않다. (중략) 지금의 수업은 주입주의이고 단편적이고 추상적이다. 이는 교실의 강의와 과도하게 많은 과목과 형식주의가 가져온 결과다.

케이는 그 같은 결과를 가져온 원인이 여러 복합적인 것임을 알고 있었고 특히 그중에서도 국가가 국가적 이익, 군국주의적 정책을 위해 교육을 이용하고 권리로서의 교육을 침해하고 있음을 간파하였다.

내가 꿈꾸는 학교는 국가가 군국주의의 최대 희생이 되어 있는 한 실현될 상태는 아니다. 군국주의가 극복되어야 비로소 사람들은 장족의 진보를 이루고 가장 비싼 학교계획이 가장 싸게 드는 것을 이해할 것이다. 왜냐하면 그때서야 사람들은 강한 인간의 뇌와 마음은 사회에 있어 최고의 가치가 있음을 이해하기 시작할 것이기 때문이다.

케이는 학교 개혁은 국가 사회의 변혁과 밀접하게 관련되어 있음을 자각하고 있었으나 양자의 관계를 마르크스주의자처럼 계급모순으로 파악하거나 사회적 투쟁에의 참가로 변혁의 길을 구하려고는 하지 않았다. 교육개혁의 주체는 실제로 교육에 종사하는 자의 의식변혁과 실천에 있다고 생각했던 것이다. 학교개혁은 부분적이 아니라 근본적 또는 전체적이지 않으면 안 되고 그를 위해서는 근대교육사상의 좋은 유산을 이어가야 한다고 주장한다.

그렇다. 사람들은 교육분야에서 노아의 홍수를 경험하지 않으면 안 된다. 그때 방주에는 몽테뉴와 루소와 페스탈로치와 스펜서, 그리고 새로운 아동심리학 책만은 실어야 한다. 나중에 마른 땅에 닿았을 때 인간은 학교를 세우지 말고 포도밭을 만들어야 한다. 포도밭에서 교사의 임무는 포도나무를 아이들 입술 높이로 굽혀주는 것이다.

케이의 주장의 근간에는 아동 중심주의의 교육 개혁만이 긴급 과제라는 문제의식이 있다.

케이의 '연애의 자유'론, 모성보호론

케이는 스웨덴의 전통적인 제도나 인습을 비판하고 신결혼법, 신이혼법, 신모친법 등 신도덕에 기초한 새로운 제도를 제안하였다. 그녀는 진화론의 영향을 받아 성애를 고상한 인격을 반영하여 연애를 승화한 것으로 생각해 연애의 자유를 주장하였다.

그녀에 따르면 연애는 반드시 결혼을 필요로 하지는 않으나 결혼은 반드시 연애를 수반해야 한다. 부인의 최대임무이자 최대의 행복은 모성 가운데 있고 여성에게 모친의 역할이 우선이고 이를 통해 여성의 지위도 상승한다는 것이다. 출산은 여성의 전장이라고 말하며 남성의 병역의 의무와 같다고 보고 모성을 수행하기 위해 직업을 통한 경제 자립보다 모성의 부흥을 주장한다.

육아는 충만한 사랑과 고도의 지식이 필요한 매우 전문적이고 가치 있는 일임을 강조하며 모성의 폭넓은 역할과 의미를 평가하고 있다. 여성이 한창 육아를 담당하는 신체적 모성의 시기에는 교육수당을 지급하고 육아가 끝난 후에는 교육 관련 일에 종사하는 것이 좋다고 구체적인 부분까지 제안한다. 교사만큼 모성과 잘 맞는 직업은 없다고 할 정도로 교육자로서의 모성의 역할을 크게 강조한 점도 그녀 사상의 특징 중 하나다.

케이의 경우 모성은 여성의 자기발달을 촉진하고 정신성을 높이는 것이며 교육에서 남녀평등 및 여성의 사회진출을 주장하는 근거였다. 이는 산업사회로 진입하며 여성의 가사노동이나 출산·육아 등을 평가절하하던 당시의 사회 분위기에서 철저한 아동우선주의와 가정중심주의를 내세운 새로운 교육사상이자 페미니즘 사상의 제안이라 할 수 있다.

그렇다면 케이는 왜 모성을 주장하게 되었는가. 기존의 여성운동은 여성이 남자가 됨으로써 인간이 되고 같은 종류의 권리 주장을 할 수 있다고 생각하여 여성성을 무시하고 외면하고 저주해왔다. 이는 부인 본래의 진정한 능력과 성질에 대한 깊은 반성과 연구, 부인의 직분이나 의의·가치 등을 새롭게 고찰할 길을 닫아버린 오류를 범한 것이다.

남녀의 무차별 평등에만 중심을 둔 결과 '악평등'에 빠져 남자 손으로 만들어진 문명, 사회조직에 대한 깊은 이해와 사려가 결여되었던 것이다. 이에 따라 부인해방의 노력은 중심을 잃고, 이른바 해방된 부인의 생활 이면에 위험이 있음을 간과했다고 보고 있다.

케이는 엠마 골드만보다 넓은 견지에서 통찰하여 신랄하고 치밀하게 이론상의 모순과 실천 상의 위험성을 경고하고 여권론자들의 맹목적인 부분을 지적했다. 종족을 중시하고 종족의 향상 진보를 통해 먼 미래 인류의 완성을 꿈꾸고 믿었던 케이, 종족으로서의 부인의 증대에 대해 신성한 감격까지 가진 그녀에게는 연애에 대한 무감, 결혼 및 모성에의 욕망 감소 또는 결여를 경멸하고 모성을 겁내는 부인의 사상 경향, 모성이 되기에 부적당한 부인의 생활상태 등은 우려할 만한 것으로 생각되었을 것이다.

엘렌 케이는 부인노동 금지주의자로 알려져 있다. 그 이유는 부인노동의 열악한 현실을 알기 때문이라고 말한다. 케이는 노동 일반에 대해서는 그 가치를 인정하나 현대 산업조직하의 노동 환경을 고려하면 부인 노동은 적절하지 못하다고 본 것이다. 여성이 처한 저임금, 장시간 노동, 취업난, 열악한 노동상태가 여성의 건강을 해치고 유아사망률을 높이고 어린이의 심신을 약화시키고 나아가 국가와 사회, 종족을 해친다고 그녀는 저서 『아동의 세기』에서 주장하고 있다.

케이는 부인에게는 부인에게 맞는 노동의 상태와 성질이 있어야 하며 부인은 그녀의 성의 힘과 개성의 힘을 충분히 발휘할 수 있는 노동을 선택할 필요가 있다고 주장했다. 물론 부인의 노동은 부인의 자유권리이나 현재 아이의 권리와 미래 아이의 권리에 의해 제한될 수 있다는 주장이다.

라이초의 연애와 결혼, 모성주의

"독립하려는 한 인간으로서의 부인을 연애를 통한 모성애에, 모성애를 통한 인생의 최고 이성인 일체애에 도달시키는 성적 생활이나 그 각 단계의 의의나 가치에 대해 더욱 진지하게 생각해봐야 할 것이다"라며 라이초는 지금까지 성에 대한 담론이 부족했음을 지적하고 연애·결혼·모성에 대한 진지한 논의가 필요하다고 보았다.

"부인의 해방과 함께 보호제도가 절실히 필요하다. 적어도 지금의 사회조직, 노동계의 상태는 이 보호제도를 통하지 않으면 부인의 직업 또는 노동생활이 가능하지 않다"며 완전한 보호제도의 필요를 주장하고 있다. 여기서 말하는 보호제도는 특수대우가 아님을 라이초는 역설한다.

내가 꿈꾸는 사회에서는 모든 부인이 노동의 자유를 얻고 남자와 같이 모든 방면의 사회적 임무에 종사할 수 있고 가정에서의 어머니 일도 역시 다른 남녀의 일과 마찬가지로 중요한 사회 임무이므로 수입은 물론 사회적 지위와 한 인간으로서의 권리도 부여받아야 한다. 모성보호제도도 단순히 부인의 노동을 금지하는 소극적인 것이 아니라 적극적으로 권리를 주어 모든 부인을 완전히 해방할 수 있다고 생각한다.

또한 진정한 부인해방은 부인의 직업생활과의 조화에서 찾아야 하며 두 개의 생활을 양립시킬 수 있는 사회제도를 만드는 것이 중요하다고 주장한다.

정조 또한 완전한 연애 그 자체가 정조이고 연애를 떠난 정조는 존재할 수 없다. 그러므로 남자의 정조 또한 엄중히 논할 필요가 있고 매춘문제 등으로 발생하는 많은 문제에 대해 사회적 제재가 필요하다고 역설한다. 남성이 정조관념이 없는 원인은 부인에게 오랫동안 선택권이 없었기 때문이다. 즉 남성중심사회의 산물임을 강조한다.

남성의 도덕심에 정조관념을 발생시키기 위해서는 부인의 힘이 필요하고 이 시대의 새로운 부인 도덕의 정립이 요구된다고 보고 있다. 그 도덕이란 결혼의 중심을 연애에 두고 연애생활에 의해 상호 인격의 완성과 종족의 개선을 도모하는 것을 결혼의 목적에 두는 것을 의미한다.

라이초는 1911년 잡지 「태양」의 논설을 통해 엘렌 케이의 존재를 알게 되었고 당시는 「세이토」 동인들에 대해 세간으로부터 신여성 비판이 거세지고 있던 시기였다. 라이초가 이전에도 고백했듯이 그때까지 자신이 여성임을 인식하지도 않고 부인문제에도 크게 관심을 두지 않았던 그녀가 세간의 비난과 싸우기 위해 부인문제를 연구하려고 결심했던 시기와도 일치한다.

라이초는 바로 엘렌 케이를 읽고 「세이토」에 케이의 『연애와 결혼』을 번역·게재하였다. 그와 더불어 오쿠무라와 만나 열렬한 연애에 빠진 시기와도 겹쳐 그녀의 사상에 있어 케이와의 만남은 큰 전기를 이루었다고 할 수 있다.

"케이를 알기까지 나는 연애와 결혼을 전혀 별개의 것으로 생각하고 연애의 가치는 인정해도 결혼에 대해 부정적이고 오히려 아예 무시하고 있었다"라고 할 정도였던 라이초가 오쿠무라와의 공동생활을 시작한 것도 연애와 결혼이 일치해야 한다고 주장한 케이의 영향이 컸다고 할 수 있다. 1919년에는 케이의 『모성의 부흥』을 번역 간행하였고 임신과 출산을 겪으며 연애·결혼·모성에 대한 새로운 시각에 눈을 뜨게 된 것으로 보인다.

라이초는 오쿠무라 히로시와의 공동생활을 시작하고 임신, 출산, 육아체험을 통해 더욱더 모성주의에 눈을 뜨게 되었다고 술회한다. 「세이토」 창간사를 쓸 무렵의 라이초는 "여성이면서도 여자들 사이에 있는 것이 그리 기쁘지 않았다"라고 말하고 있듯이 그녀는 자신이 여성인 것에 대해서조차 부정적이었다.

그리고 여성해방의 지표로 삼는 여자교육이나 직업적 자립이나 부인참정권 등에 대해서도 "이른바 고등교육을 받고 일반 직업을 갖고 참정권을 부여받고 가정이라는 소천지에서 부모나 남편이라는 보호자의 손에서 벗어나 이른바 독립의 생활을 한다고 해서 이것이 어째서 우리들의 자유해방인 것인가"라고 비판할 정도였다.

라이초가 모성에 눈뜨는 과정은 갈등과 고민의 연속이었다. 임신을 알았을 때 엄청난 불안과 공포를 느꼈고 악몽에 시달릴 정도였다. 수입이 일정치 않아 발생하는 빈곤과 생활난에 대한 걱정 외에도 개인으로서 자신의 생활 향상 발전이나 교양이 방해받지 않을까 하는 불안도 매우 컸다. 아이를 낳아 키우면서 자신 속에 숨어 있던 모성을 자각하고 출산과 육아로 전혀 다른 세상을 경험하며 행복감을 느끼면서 더욱더 엘렌 케이의 모성 주의에 공감하게 되었다.

출산과 육아의 경험은 자식에 대한 욕망, 모성이고자 하는 욕망이 나 자신의 사랑 속에 내재되어 있다는 것을, 그동안 다른 욕망이 더 크고 많아 그런 욕망이 표면에 나오지 못했을 뿐이지 두 사람의 사랑의 동경 중에 이미 애초부터 자식을 원하는 의지가 숨어 있었음을 크게 자각하는 계기가 되었다.

"일단 사랑의 생활을 긍정하고 스스로 선택하여 공동생활에 들어간 내가 그리고 그 사랑을 심화시키려 노력하는 내가 그 사랑의 창조이자 해답인 아이를 어찌 부정할 수 있는

가. 이는 너무나 모순되고 불철저한 행위다. 만약 자식을 거부한다면 사랑의 생활 전체를 거부해야 한다. 자식한테 잘못해주더라도 사랑 없이 태어나 키워지는 일본의 다른 다수의 아이와 비교하면 오히려 행복할 것이다"라고 하였다.

이전에 가졌던 부정적인 생각이 완전히 사라졌고 불안보다 미지의 세계에 대해, 새로운 인생에 대해 일종의 탐욕심과 이상한 희망과 기대를 경험하였고 두 사랑의 결합은 이로써 한층 깊어지고 진지하고 확실해졌다고 한다.

라이초가 한창 모성에 대해 자각할 무렵 엘렌 케이의『모성의 부흥』을 접하게 된다. 여자의 인생에서 느낄 수 있는 아이의 소중함과 의의와 가치를 생각할수록 고민도 많아지는 한편, 갈등도 생겨났다.

길먼 여사 측은 부인이 사회인으로, 경제적으로 독립하려면 부인이 맡은 육아, 교육, 요리 등은 모두 전문가에게 맡겨야 부인의 진정한 자유와 해방이 가능하다고 말한다. 엘렌 케이는 이런 해방부인이 다시 가정으로 돌아가야 사랑의 생활 속에서 모성 가운데서 가장 높고 아름다운 통일과 조화로운 부인의 진정한 생활을 발견할 수 있다고 한다. 케이가 말하는 이른바 '대연애'야말로 인간 생활의 근본이라고 할 수 있다. (중략) 나는 나 자신의 생활 속에 있는 여러 방면이나 부분을 어떻게 통

일하고 조화해갈까, 이것이 내 앞에 놓여 있는 중대하고 어려
우면서도 의의 있는 구체적인 부인문제이며 이 또한 일본 부
인의 공통문제라고 생각한다.[3]

즉 여성의 자립과 모성의 조화라는 난제와 씨름하며 자신
의 모성주의를 형성해나갔다.

여성해방운동에 있어 모성주의는 여성해방의 근본적인
방향과 관련된 어려운 논점을 내포하고 있다. 유럽에서 여성
해방 사상이 출현한 이래 여권주의와 모성주의는 어느 쪽이
진정한 여성해방으로 이어지는가의 논쟁을 일으켰다.

19세기 말 영국의 사상가 메리 울스턴크래프트는 남녀
의 육체적인 차이에서 비롯된 남녀 특성론에서 성차별론으
로 이어지는 논의를 거부하고 인간으로서의 동질성을 주장
하고 그것을 증명하기 위한 경제적 자립이나 정치적 평등을
역설한 바 있다. 이에 대해 엘렌 케이는 20세기 초 『연애와
결혼』을 발표하고 '사회의 모성'으로서 여성의 사명을 강조
하였다. 이러한 노선의 차이는 일본에서도 이른바 모성보호
논쟁으로 나타났다.

라이초의 모성주의는 케이로부터 많은 부분을 수용했으
나 자신의 출산과 육아 경험에서 얻은 부분도 상당히 많은
것으로 보인다. 국가에 의한 모성보호의 입장은 같으나 케이

는 국가와 남편이 모성을 보호하고 육아와 가사 등에 대해 보상을 해야 한다는 주장임에 비해 라이초는 남편의 보호를 받으면 평등한 부부관계가 힘들다는 이유로 전적으로 국가의 보호와 보상을 요구해야 한다는 주장은 차이점으로 보인다. 또한 케이가 여성의 정치참여에는 소극적이었던 데 비해 라이초는 이후 신부인협회를 결성하여 적극적으로 여성 참정권이나 치안경찰법 개정 등 여성의 정치참여에 적극적인 자세를 보인 점도 그러하다. 라이초의 모성주의는 모성보호 논쟁을 통해 더욱 정밀해지고 자신의 특징적 사상으로 형성되어갔다.

모성보호논쟁

이른바 모성보호논쟁이란 1918년부터 1919년에 걸쳐 당시 일본의 중심 잡지였던 「태양」이나 「부인공론」 「세이토」 지상을 통해 전개된 논쟁으로 주로 여성의 육아와 취업이 양립 가능한가, 가사노동에 대한 국가에 의한 경제적 부조라는 복지적 측면에 대한 논점으로 뜨거운 논쟁이 벌어졌다. 이 논쟁에서 언급되었던 여러 이슈는 이후 여성운동의 방향에 큰 영향을 미쳤고 모자보호법과 같은 제도화에도 큰 기여를 했다고 평가받고 있다.

논쟁은 세이토샤의 동인이자 유명한 시인이었던 요사노 아키코가 「모성편중을 폐하라」「여자의 철저한 독립」 등의 논설을 발표하며 히라쓰카 라이초의 모성보호론에 대해 반박을 하며 시작되었고 이에 대해 라이초가 반박 논설을 발표하면서 치열하게 전개되었다.

요사노는 인간의 만사는 남자도 여자도 인간으로서 평등하게 이행할 수 있다고 전제한다. 여성의 생활에는 처와 어머니 역할 이상의 것이 있는데, 이것은 사회참가와 노동여성의 자립은 취업에 의해서만 가능하며, 임신·출산·육아로 일시 휴직하더라도 육아와 취업의 양립은 가능하다고 주장한다. 그녀는 비혼이나 자녀를 두지 않는 것도 자유이며 육아에서 부친의 사랑도 필요하므로 임신 출산기에 국가에 경제적 보호를 요청하는 것은 국가에 대한 의뢰주의라고 비판한다. "부인이 남자에 기식하는 것을 노예도덕이라 부르는 우리는 같은 이유로 국가에 기식함을 사양한다"고 강하게 거부하는 요사노 아키코의 주장은 결혼이나 출산, 육아 등 모성과 관련된 영역을 사적인 영역으로 보고 사회나 국가와 같은 공적 영역으로부터 단절시켜 논하는 자세를 보이고 있다.

이에 대해 라이초는 「모성의 주장에 관한 요사노 씨에게 드림」이나 「모성보호 주장은 의뢰주의인가」(1918)라는 논설에서 요사노의 주장을 반박하였다. 라이초는 여성의 노동을 반대하는 것이 아니라 지금 사회에서 여성이 처한 너무나도 열악한 노동환경이나 임금으로는 자립에 이를 수 없다. 따라서 여성의 건강 악화를 우려하여 나온 주장이라고 말한다.

엘렌 케이의 주장은 당시 서유럽의 모자빈곤문제나 여성의 열악한 노동문제 등을 이유로 여성노동을 반대한 것이지 취업 자체를 반대한 것이 아니며 이는 일본의 상황도 마찬가지인데 요사노는 이 부분은 보지 않고 오해한 것이라고 반박한다.

라이초는 "원래 어머니는 생명의 원천으로 부인은 모성에 의해 개인적 존재의 영역을 넘어 사회적이고 국가적인 존재자가 되므로 어머니를 보호하는 것은 부인 개인의 행복을 위해 필요할 뿐 아니라 그 아이를 통해 전 사회의 행복, 그리고 나아가 전 인류의 장래를 위해 필요한 것이다"라고 주장했다.

가사노동이나 육아가 경제적이나 사회적으로 가치 있는 것이고 모친의 직능은 '사회적 성질'이 있으므로 충분한 보수가 필요하며 아이는 가족의 소유물이 아니라 사회나 국가에 속하는 것이기도 하므로 아동을 보호하는 것은 국가의 역할임을 강조한다.

라이초는 요사노와 달리 출산과 육아를 공적인 영역의 것으로 간주하여 모성의 복지를 주장하고 있는데 이는 이전부터 영향을 받아온 엘렌 케이의 사상과 매우 비슷하며 그녀 사상의 큰 특징인 모성 본질주의의 귀결이라고도 할 수 있다. 그녀는 남녀의 차이를 인정하지 않는 무차별한 평등관은 결국 남성중심으로 만들어진 사회에 여성을 끼워 넣은 것뿐이라고 보았다. 자신의 출산과 육아의 경험을 통해 얻은 모성 사상은 그 이후에도 변함없이 라이초의 사상의 핵심을 이루고 있다. 라이초는 "모성보호는 연애결혼의 이상을 완전히 실현할 수 있는 길이고 부인은 엄마가 됨으로써 개인적 존재의 영역을 벗어나 사회적이고 국가적이며 인류적인 존재자가 된다"고 역설한다.

둘의 주장은 평행선을 달렸고 라이초는 모성의 보호야말로 여자의 경제적 독립을 완전히 실현할 유일한 길이며 모성을 보호하지 않고 여자의 경제적 독립을 주장하는 것은 공론에 불과하다는 입장을 양보하지 않았다.

이 논쟁에 뒤늦게 합류한 사회주의 여성운동가 야마가와 기쿠에(山川菊栄)는 「요사노, 히라쓰카 두 분의 논쟁」이라는 글에서 이렇게 비판한다.

부인은 원래 육아 외에는 다른 능력이 없는 동물이 아니고 가정에 칩거하여 세상을 끝내야 할 의무도 없다. 또 무위도식으로 사회에 기생할 권리도 없다. 그렇다면 부인이 능력에 따라 원하는 곳에 따라 노동하는 것이 허락되어야 하며 그 노동에 대해 생활의 권리를 인정하지 않으면 안 된다. 그런데도 지금까지의 사회는 부인에 대해 노동의 권리를 막음과 동시에 그 생활의 권리까지도 부정하고 있었다. 그래서 전자를 강조하기 위해 나타난 것이 기회균등을 외쳤던 기존의 여권운동이고 이에 대한 수정안으로 제창된 것이 모권운동이다.

노동의 권리를 요구하여 생활권의 요구를 망각한 것이 전자의 결함이고 모성인 부인만의 생활권의 요구에 안주하여 만인을 위한 평등한 생활권을 제창하는 데까지 생각이 미치지 못한 것이 후자의 부족한 바다. 그리고 현재의 경제관계라는 화근에 도끼질을 하지 않고 그 존속의 성과로 나타난 제 현상에 대해 경제독립이나 모성보호 같은 불철저한 미봉책으로 접근한 것이 양자의 공통된 오류다.

그러면서 재앙의 근본적 문제 해결에는 사회 경제관계 변혁, 즉 사회주의 변혁이 필요하다는 주장을 제시한다.

이에 대해 양처현모주의적 입장에서 야마다 와카가 논쟁에 등장하여 '독립'이라는 미사여구에 미혹되지 말고 가정부인도 금전적 보수는 받지 않고 있으나 가정 안에서 일하고 있으므로 자부심을 느껴야 한다고 주장하였다. 이 논쟁에는 여러 남성도 참가하여 신문 지상에도 찬반양론이 팽팽하게 제기되었다.

라이초는 논쟁에서도 모성보호는 연애결혼의 이상을 완전히 실현할 수 있는 길이라고 주장했다.

"부인은 엄마가 됨으로써 개인적 존재의 영역을 벗어나 사회적이고 국가적이고 인류적인 존재자가 된다. 엄마의 일은 사회적 사업이므로 보수를 주어야 한다"고 말하며 자신의 엄마로서의 생활은 아이에 대한 사랑과 개인적인 자신의 요구 사이의 끊임없는 상극이었고 더불어 생활난과의 싸움이었다고 회상한다.

이 논쟁은 당시의 여성문제를 심도 있게 논하며 이슈화했다는 점, 이후 부인의 실천운동에 이론적 토대가 되어 다양한 운동을 태동시키는 데 기여했다는 점에서 평가할 만하다. 또한 다이쇼 데모크라시라는 민주주의 운동의 고양기에 여성문제를 사회문제로 인식하고 여성운동으로 발전시키는 계기로 작용했으며 여성운동이 실천적이고 다양한 갈래로 분화되고 있음을 상징적으로 보여주는 사건이었다.

라이초의 모성보호 주장은 자유로운 연애와 결혼의 실현을 위해 국가에 의한 가족의 개입이나 제한을 요구하는 모순을 내포하는 부분도 있으나 모성의 사회적 의미와 역할에 대한 이론을 제기한 점에서 매우 의미 있는 시도였다고 생각한다.

이처럼 세이토의 여인들은 노라를 논하고 자신을 탐색하고 연애와 성, 여성을 옥죄는 압박, 제도들을 논하면서 온몸으로 세상과 부딪혀가며 문을 열고 걸어나갔다.

이 세이토 운동에 대해 1920년 무렵 라이초는 자신의 저술을 통해 다음과 같이 회고하고 있다.

현모양처 위주의 여성교육, 여성다움을 강요하는 굴종적 교육에 반발하여 세이토를 만들었으며 그 모임은 매우 유치한 모임으로 정리된 사상다운 사상 내용조차 갖추지 못했으나 그저 막연한 누를 수 없는 욕구의 외침이었다.

그때 말하고 싶었던 건 이것이다.

남자가 인간인 것처럼 부인도 역시 같은 인간이며 영혼이 있는 존재다. 그러므로 부인을 향해 넓은 의미에서의 인간으로서 높은 교양을 갖추게 하고 사상·감정 위의 자유와 독립을 얻게 함으로써 부인을 먼저 내부로부터 근본적으로, 전체적으로 각성 내지 해방시키지 않으면 안 된다. 경제상 독립이나 사회·정치·법률상의 권리 향유 같은 외적인 것은 수단 또는 결과로 필연적으로 따라올 것이다. (중략) 그리고 우리가 지향했던 새로운 생활이란 무엇인가. 그에 대한 구체적 관념은 없었으나 필요조건으로 역사나 인습을 타파하고 직접 현대 부인 자신의 욕구와 개성의 권위 위에 구축되어야 하며 이것을 일본의 부인문제에 최초로 던진 것을 큰 의의로 생각한다.

그녀들의 운동에 대해 일본사회는 관대하지 못했고 냉소와 야유, 호기심, 폭언, 중상이 가득 찼다. 그럼에도 생활 속에서 자유로운 결혼생활 또는 육아 등을 통해 점차 부인문제가 내용적인, 실질적인, 구체적인 방면으로 심화되었다. 동시에 직접적인 생활문제나 성의 문제 등도 언급되었다. 여성으로부터 해방되는 것이 아니라 진정한 여성으로 해방되어야 하며 이러한 생각은 연애를 부인문제의 중심으로 보는 케이의 사상을 접하고 공감하며 성숙된 것으로 보인다.

라이초와 우생학

라이초에 대한 비판 중 자주 등장하는 것이 우생학에 대한 경도나 천황제 찬미 같은 부분이다. 그녀는 대학 시절 도쿄대학 의학부 교수의 우생학 강의를 들은 적이 있고 그녀의 글 가운데 우생학, 즉 당시 용어로 선종학(善種學)에 대한 믿음이 가끔 등장한다.

요사노 아키코와의 모성을 둘러싼 지상 논쟁이나 반박 글 등을 보면 인구과잉이 세계적인 문제인 시기에 무책임한 다산(多産)에는 반대한다. 그것보다 중요한 것은 모성으로서의 자각과 책임을 강조한다.

"지금처럼 무의식적이고 무책임하게 열등한 아이를 낳는 대신 질 높은 아이를 적게 낳는 게 좋다"는 우생학적 표현도 등장했다. 또한 당시의 현모양처주의에 기반을 둔 여성교육을 노예교육이라고 비판하면서 여성의 능력과 개성을 중시하는 교육으로 바꾸어야 한다고 주장했다. 그리고 적어도 현모양처교육이라도 제대로 하려면 부인의 위치나 능력, 생산사업의 근본의의, 선종학 강좌라도 두어 교육해야 한다고 역설한 부분에서도 그녀가 당시의 우생학적 주장을 무비판적으로 수용하고 있음을 알 수 있다.

다산은 아이의 천부권을 침해하고 불행과 손실을 가져온다. 문명이 진보된 나라에서는 출산율은 점차 감소하고 있는 데 반해 일본은 유아사망률이 높기만 하다. 그렇다고 구미 여러 나라에서 행해지고 있는 두 아이로 제한하는 산아제한이 해결책은 아니다. 다산 현상은 생식멸시 사상에서 비롯된 것으로 반대로 생식의 신성함을 강조하는 사상을 고취하는 것이 중요하다고 주장한다. 생식사업은 인류 장래에 지대한 의의가 있어 그에 따른 우생학이 나온 것으로 본다. 나는 이 사상의 보급이 야말로 필요하다고 본다.[4]

그리고 엄마가 되는 자격에 엄격한 제한을 두어 무조건 모든 부인을 엄마로 만들려는 구식의 양처현모주의를 격퇴하고 동시에 경솔하고 준비 없이 생식을 하는 남녀의 죄악감을 높여 다산과 '악질'의 폐를 방지하는 것이 효과적이라고 주장한다.

이러한 우생학적 주장은 모성주의의 연장으로도 해석할 수 있고 나중에 화류병자 결혼제한청원으로 구체화되는 부분이기도 하다.

라이초의 위생에 대한 집착이나 우생학적 발언 등은 개인의 체험에서 비롯된 부분이라는 지적도 있다. 또한 모성에 대한 국가의 보호를 강조한 나머지 우수한 민족의 재생을 바라는 내셔널리즘과 이어져 군국주의에 이용될 위험성도 내포하고 있었다.

제3장 신여성의 실천운동
신부인협회 활동기
(1914~1923)

　「세이토」 발행을 이토 노에에게 양도한 뒤 라이초는 도쿄 탈출을 감행하여 다키노가와(瀧野川)의 전원으로 이사하여 육아와 집필에 전념하였다. 라이초의 인생에는 몇 번의 도쿄 탈출과 전원생활이 큰 자리를 차지하고 있다. 이 시기는 요사노 아키코와 모성을 둘러싼 모성보호논쟁을 전개한 것으로 유명하다.

　그리고 섬유공장을 방문하여 근로 여성들의 열악한 노동 상황을 접한 것을 계기로 적극적인 사회운동으로서의 여성운동을 전개하게 되는 시기이다. 라이초는 신부인협회 활동을 통해 여성의 참정권, 화류병남성 결혼제한청원운동 등 정치운동에 매진하며 이전과 다른 방향에서 운동을 전개해나 갔다.

제1차 세계대전의 발발과 소련의 탄생 등 1차대전기의 전 세계적인 엄청난 변화는 세계 사상사에도 큰 영향을 미쳐 국제주의, 연대주의, 인권의식의 고양, 민주주의의 발전과 같은 큰 변화를 이끌어냈다. 이른바 다이쇼 데모크라시로 안으로는 입헌주의, 밖으로는 제국주의를 주창하며 보통선거·민본주의를 부르짖는 일본 민주주의 운동의 발전기로 접어들면서 여러 문제를 사회문제로 인식하며 각계각층의 다양한 사회운동이 폭발적으로 전개되던 시기였다.

도시화의 진전, 교육의 보급, 산업화의 진전으로 도시생활자가 크게 증가하고 참정권의 확대로 정치적 권리를 가진 대중이 확대되며 바야흐로 대중의 시대를 맞이하게 되었다. 이러한 시대를 배경으로 여성운동도 신여성운동의 차원을 벗어나 좀 더 사회적이고 정치적인 운동으로 변화해가는 시기로 큰 전환기를 맞이하게 되었다.

부인참정권 요구나 여성노동자의 문제 등이 새로운 이슈로 떠오르는 가운데 라이초도 새로운 운동을 모색하는 과정에 부인참정권 운동을 중심으로 다양한 여성운동을 전개할 목적으로 신부인협회를 결성하여 적극적으로 운동을 전개하였다.

신부인협회는 1919년 11월 24일에 부인의 사회적·정치적 권리 획득을 목적으로 히라쓰카 라이초, 이치가와 후사에(市川房枝), 오쿠 무메오(奧むめお) 들이 중심이 되어 결성한 일본 최초의 부인단체다. 창립 3년 만에 해산했지만 「여성동맹」을 기관지로 간행하며 치안경찰법 제5조의 일부를 개정해 부분적이긴 하나 여성의 정치적 권리 획득에 성공함으로써 일본 여성 운동사에 큰 족적을 남긴 단체다.

라이초는 1919년 「나고야신문」 주최의 부인문제강습회에 강사로 나갔다가 아이치현의 섬유공장에서 일하는 여성 노동자들을 방문할 때 안내를 맡아 준 「나고야신문」 기자였던 이치가와 후사에(市川房枝)를 만났다. 그녀의 운동가적 기질을 보고 새로운 운동을 전개하고자 그녀와 함께 라이초는 신부인협회를 탄생시켰다.

신부인협회의 창립 경위를 살펴보면 다음과 같다. 보다 더 광범한 부인해방운동을 펼치기 위해 여성에 의한 단체운동의 필요성을 절감하고 있던 라이초는 1919년 무렵부터 우애회 부인부의 상임 서기를 막 그만 둔 이치가와 후사에와 의기투합하여 12월 19일에 도쿄에서 협회 결성을 발표하고 널리 찬조원을 모집하였다.

치안경찰법 제5조 개정과 화류병남자 결혼제한을 당면 목표로 내걸고 청원운동을 전개하였다. 처음엔 라이초의 자택을 본부 사무소로 하고 히라쓰카, 이치가와, 오쿠 무메오 세 명의 이사를 중심으로 협회를 운영하였다. 그리고 전국 조직을 만들기 위해 나고야, 오사카, 고베, 후쿠야마, 미하라, 히로시마에 협회 지부를 두었고 그 과정에서 히로시마 지부에 대해 현 당국이 압력을 가하는 이른바 히로시마 사건도 발생하였다.

협회 규약에는 "부인의 능력을 자유로이 발달시키기 위한 남녀의 기회균등을 주장할 것, 남녀의 가치 동등 위에 서서 그 차별을 인정하고 협력을 주장할 것, 가정의 사회적 의의를 천명할 것을 강령으로 부인, 어머니, 자녀의 권리를 옹호하고 그들의 이익의 증진을 꾀함과 동시에 이에 반하는 일체를 배제할 것"을 선언하였다. 그리고 신부인협회 결성 취지를 다음과 같이 밝혔다.

부인도 역시 부인 전체를 위해 그 바른 의무와 권리의 수행을 위해 단결해야 할 때가 왔습니다. 지금이야말로 부인은 부인 자신의 교양, 그 자아의 충실을 기할 뿐 아니라 서로의 강한 단결력으로 그 사회적 지위 향상 개선을 꾀하고 부인으로서의, 어머니로서의 권리 획득을 위해 남자와 협력하여 전후의 사회 개조의 실제 운동에 참가해야 할 때입니다. 만약 이때 부인이 서지 않으면 다가오는 사회도 역시 부인을 제외한 남자 중심이 될 것임이 틀림없습니다. 그리고 거기에 세계, 인류의 화근 대부분이 놓일 것으로 생각합니다. 우리는 일본 부인이 언제까지 무지·무능하리라고는 믿지 않습니다. 아니 이미 우리 부인계에는 탁월한 학식을 갖추고 능력 있는 몇 명의 신부인이 있습니다. 게다가 우리는 이들 부인 이외에도 식견 높고 사려 깊은 숨어 있는 실력자 부인들이 있음을 의심치 않습니다. 그런데 이들 부인의 힘이 하나로 합쳐져 사회적으로 내지는 사회적 세력이 되어 활동해오지 않았던 것은 왜일까요? 이는 부인 상호 간의 어떤 연락도 없이 각자 고립상태에 있어 부인 공동의 목적을 위해 조금도 그 힘을 쓰지 못하고 또 하나로 되려는 노력도 하지 못하고 그것을 위한 제대로 된 기관도 없기 때문이 아닐까요. 우리는 그렇게 믿고 있습니다. 이에 우리는 작은 힘을 개의치 않고 동지를 규합하여 결국 부인의 단체적 활동의 한 기관으로 '신부인협회'를 조직했습니다. 우리는 부인 상호의 단결을 꾀하고 견인자급의 정신으로 부인 옹호를 위해 그 진보 향상을 위해 또한 이익의 증진, 권리의 획득을 위해 노력하여 그 목적을 달성할 것입니다.

「여성동맹」을 기관지로 발행하고 창간호에 「사회개조에 대한 부인의 사명」에서 라이초는 이렇게 밝힌다.

지금 우리들은 인간으로서의 자각에서 더 나아가 여성으로서의 자각에 들어갔습니다. 개인주의적인 부인론은 이제 과거의 것이고 시대착오적인 것이 되고 부인사상론의 중심문제는 남녀 대등·남녀 동권·기회 균등 등의 문제에서 양성 문제·모성 문제·아동 문제로 이행했습니다. 그리고 동시에 개인주의로부터 집단주의로 이기주의에서 이타주의로 이행함을 의미합니다. (중략) 이전엔 인간으로서의 입장에서 남녀의 평등·무차별을 표방하여 남자와 같은 권리가 부인을 위해 요구되었습니다.

그러나 오늘의 우리는 그 이상으로 여성의 입장에서 부인의 권리이자 의무인 엄마의 생활을 완수하기 위한 실생활의 필요에서 여러 권리를 요구합니다. 우리의 참정권 요구는 획득한 참정권을 어떤 목적을 향해 유효하게 행사하기 위함입니다. 그리고 그 목적이란 여성 자신의 입장에서 나오는 사랑의 자유와 그 완성을 위한 사회개조이고 현재 남성본위의 사회를, 그 사회제도를 시인하고 그 위에 서서 오늘의 정치가로 불리는 남자들과 함께 국민의 입장에서 소위 정치문제를 논의하기 위한 것입니다. (중략) 이렇게 지금까지 남자로부터도 인정받지 못하고 또 부인 자신도 그 가치를 모르고 있던 인간 창조의 사업, 즉 엄마가 된다는 가정에서의 여성의 사랑의 일은 완전히 새롭고 존엄하고 중대한 사회적이고 윤리적인 의식을 갖고 부인의 마음에 부활했습니다.

부인의 천직은 역시 어머니입니다. 그러나 새로운 엄마의 일은 그저 아이를 낳아 기르는 것만이 아니라 훌륭한 아이를 낳고 잘 기르는 것이어야 합니다. 즉 종족의 보존 지속 이상으로 종족의 진화향상을 꾀하는 것이 생명이라는 가장 신성한 화염을 처음에서 끝으로 옮기는 부인의 인류에 대한 위대한 사명이지 않으면 안 됩니다. 여기에 부인의 어머니의 사회적 의의가 있는 것을 알게 되고 연애·결혼·생식·육아·교육을 통해 인류의 개조(사회의 근본적 개조)를 마지막 목표로 하는 여성으로서 사랑의 해방, 모성의 권리 요구야말로 가장 진보한 부인운동의 목적이라는 바에 도달한 것입니다.[5]

그 이전의 모성주의에서 한 발 나아가 종족이 진화향상을 꾀하는 중요한 사회적 의미를 역설하며 모성의 권리요구를 사회적으로 확대하는 실천적 운동으로 신부인협회 운동을 시작하고 있음을 알 수 있다.

신부인협회의 규약에는 부인문제, 노동문제, 부인 노동자의 교화기관으로 학교 설치, 부인노동신문 발간 및 건전하고 실력 있는 부인노동조합을 조직할 것 등이 들어 있다.

그리고 부인참정권 청원서에는 연애와 모성의 권리와 의무 수행을 위해, 성의 존엄을 유지하기 위해, 임산부 옹호를 위해, 노동부인의 지위개선을 위해, 엄마 손을 필요로 하는 아이 있는 엄마와 교사를 필요로 하는 아이를 보호하고 그들의 노동을 금지하기 위해서라고 그 목적을 밝히고 있다.

또 규약 중에는 여자 고등교육, 소학, 대학의 남녀공학, 부인참정권, 부인에 불리한 제 법제의 개폐(改廢), 모성보호 등이 들어 있고 여성의 다양한 활동을 지원할 수 있는 공간, 사무소, 공회소, 교실, 기숙사, 식당, 오락실, 운동장, 도서관 등을 갖춘 부인회관의 건립도 과제의 하나로 언급되고 있다.

신부인협회가 여성의 정치참여를 확대하기 위해 시작한 치안경찰법 제5조 개정운동은 1890년부터 공포된 집회 및 정사법(政事法)에 의해 그때까지는 자유로웠던 여성의 정당 결사에의 가입 및 정치 연설회에의 참가가 금지된 데 대한 개정 운동을 말한다. 집회 및 정사법은 1900년에 치안경찰 법으로 개칭되어 동 법 제5조 1항에서 여성의 결사권(정당 가입권), 2항에서 집회의 자유(정치 연설회 참가 또는 주최할 자유)를 계속해서 금지하였다. 1905년부터 1909년까지 엔도 하루코 (遠藤清子)를 비롯한 헤이민샤(平民社)에 모인 여성들에 의해 치안경찰법 제5조 개정을 요구하는 청원을 의회에 매년 제출하였으나 법 개정에는 이르지 못했던 부분이다.

이런 청원의 배경에는 전 세계적으로 고양된 부인참정권

요구운동과 무관하지 않다. 신부인협회는 설립취지에서 부인의 참정권 요구는 세계대전 이후의 세계적 추세라고 전제한 뒤 부인이라는 이유로 정치결사 가입 금지는 불합리하며 부인이 여자로 엄마로서의 사상 감정을 통해 건전한 문화발전에 애쓰려 해도 정치적 지식이 없으면 불가능하며 사회생활 또는 직업생활에 정치적 지식이 없으면 많은 불이익과 불편을 겪기 때문이라고 역설한다.

그리고 여성참정권에 대해 현재 일본 부인이 정치적으로 민도(民度)가 너무 낮기 때문이라며 반대하는 시기상조론자들에 대해서는 여성의 능력 함양에 필요한 기회 부여를 거부하는 것은 모순이라고 반박하고 있다. 또한 신문잡지의 정치기사나 정치적인 글을 자유롭게 읽고 의회의 방청권도 있는 부인에게 정담집회를 금지하는 것은 무의미하다고 주장하며 제42의회에 3,000명의 청원서명으로 운동을 시작하였다.

신부인협회는 이 치안경찰법 제5조 개정운동을 이어받아 협회 결성과 동시에 법 개정에 관한 청원운동을 개시하였다. 1920년 2월에는 2,057명의 서명을 받아 제42회 제국의회 귀족원과 중의원에 제출하였다. 같은 해 2월 21일에는 도쿄 간다에서 치안경찰법 제5조를 테마로 신부인협회 제1회 강연회를 개최하고 이치가와 후사에(市川房枝), 야마다 와카(山田わか), 오야마 이쿠오 등이 연사로 나와 법 개정의 필요성을

역설하였다. 그리고 이치가와 라이초 두 사람은 치안경찰법 제5조 개정을 법률안으로 제출하라고 의원들에게 촉구하였으나 2월 26일에 중의원이 해산되었다.

1920년의 총선거에서는 협회를 지지하는 후보 16명이 당선되어 21년에 중의원 본회의에서 법안이 가결되었으나 귀족원 본회의에서 부결되었다. 1922년 2월의 제45의회 중의원에 개정안을 다시 상정하고 연일 양 의원에 진정활동을 벌여 3월 중의원 본회의에서 개정안이 가결되고 같은 달 귀족원 본회의를 통과하면서 치안경찰법 제5조의 개정안은 드디어 가결·성립되었다.

문제가 된 치안경찰법 제5조는 다음과 같다.

제5조 1. 다음에 열거하는 자는 정사상의 결사에 가입할 수 없다.

①현역 및 소집 중의 예비, 후비 육·해군 군인

②경찰관

③신관 신직 승려 기타 제 종교사

④관립공립사립학교 교원, 학생 생도

⑤여자

⑥미성년자

⑦공권 박탈 및 정지 중인 자

2. 여자 및 미성년자는 공중을 회동하는 정담집회에 회동하거나 그 발기인이 될 수 없다.

'화류병남자결혼제한법' 청원운동

'화류병남자결혼제한법'안이란 성병에 걸린 남성은 법적 결혼을 할 수 없는(결혼 허가를 내주지 않는) 것을 골자로 하는 법률안으로 라이초가 중심이 되어 추진한 법안이다. 이는 남편으로부터 성병을 얻은 처가 남편 측으로부터 부당한 처우를 받는 사례를 들은 라이초가 모성보호의 입장에서 적극 제안하여 시작된 청원운동이다.

그러나 이에 대해 이전부터 라이초와 모성보호논쟁을 전개해왔던 요사노 아키코는 「신부인협회의 청원운동」이라는 글 가운데 신부인협회의 활동목표를 날카롭게 비판하였고 특히 화류병남자결혼제한 활동에 대해서는 '너무나 이질감을 느끼지 않을 수 없었다'고 신랄하게 비판하고 있다.

이 운동은 의회청원운동을 통한 입법화에는 성공하지 못했다. 제42의회에 대한 청원(1920년 2월)은 중의원에서 참고송부, 제43의회에 대한 청원(1920년 7월)은 중의원에서 불채택, 제44의회에 대한 청원(1921년 2월)도 불채택, 제45의회에 대한 청원은 「여성동맹」 지상에는 제출한다고 되어 있으나 중의원, 귀족원의 모든 심의 기록에는 빠져 있어 확실치 않다. 1921년 여름 이후 라이초가 병 요양에 들어간 것도 운동이 침체된 원인이 될지도 모른다.

이 청원운동은 의회뿐 아니라 매스컴으로부터도 큰 지지를 받지 못했다. 라이초가 정리한 바에 따르면 다른 전염병은 제외하고 화류병만으로 제한한 것과 남자만을 제한한 것, 연애결혼의 주장과 모순된다는 것과 같은 다툴 만한 논점이 많았기 때문이라고 한다. 또한 법학자들로부터는 결혼의 법적 금지의 현실적 가능성과 그 정당성, 위반자에 대한 처벌의 정당성도 문제점으로 지적되었다.

특히 남자만의 결혼제한에 대한 반발이 컸고 결국 제44의회 청원에서는 '화류병자'로 일반화시켜 여자도 결혼 상대로부터 '전염성 화류병 환자가 아니라는 진단서의 제시를 요청받았을 때 거부할 수 없다는 항목을 추가하는 등의 수정을 거칠 수밖에 없다.

그래도 의회에서는 "역시 남자를 대등하게 취급했다고는 볼 수 없다, 남자에게만 제한을 둔다, 일본의 정서는 남존여비가 대세다" 등등의 이유로 채택되지 못하였다.

"모태보호는 인류 공통의 의무"

라이초는 왜 '화류병남자결혼제한'이라는 문제에 천착하였을까, 그녀가 세이토 시대에 보여주었던 모성주의와는 어떤 관련이 있는 걸까.

라이초는 1918년 「결혼의 도덕적 기초」에서 생식행위를 포함한 결혼에서는 장차 아이가 생길 것이므로 여러 제한을 두어야 한다고 보았다. 알코올중독증, 매독, 간질, 정신병자 등은 건강한 아이를 얻기 힘들 것으로 보이기 때문에 이들의 연애는 절대로 결혼으로 이어져서는 안 된다고 주장했다. 이 밖에도 「피임의 가부를 논함」이라는 글에서도 그녀는 피임은 반대하지만 우생학적인 입장에서 법률에 따라 어떤 종류의 개인에 대해 결혼을 금지하거나 단종법의 시행을 명하거나 하는 것은, 지금 우리나라(일본)에서도 바람직한 일이라고 할 정도로 우생학적 주장에 크게 공감하고 있음을 알 수 있다.

"모태를 보호하고 미래의 아이를 보호하는 것이고 이는 또 국력의 본원인 국민의 실질적인 개선을 꾀하고 인류 공통의 의무인 종족에 대해 봉사를 다하는 것[6]"에서도 알 수 있듯이 이 청원 운동은 연애와 결혼을 우량한 종족의 보존과 향상에 목적이 있고 육아는 국가사회의 진보·발전과 밀접한 관계가 있는 사회사업이므로 국가에 의한 모성보호를 주장하는 그녀의 모성주의의 연장이며 실천책의 하나라는 의의가 있다고 생각한다.

당시 공창제 아래에서 남성에 의한 매춘행위가 공인된 결과 일반 가정에서 남편으로부터 '화류병', 즉 성병에 걸리는 비극이 속출하고 있었고 게다가 성병 감염자로부터 태어나는 유아의 사망률도 매우 높았던 상황을 배경으로 이런 청원을 구상하게 된 것으로 보인다. 이 청원은 우생학적 측면이 없는 것은 아니나 성병에 의한 감염이 있는 경우만 결혼에 제한을 두는 것으로 남성의 책임 있는 행동을 묻고 주의를 환기하는 측면이 더 크다. 이런 점이 엘렌 케이의 주안점과 좀 다른 점이기도 하다.

이는 "화류병의 해독은 부인의 입장에서 보면 전염병에 의한 육체적인 고통뿐 아니라 부부생활의 근간을 위협하여 정신적으로도 큰 고통을 주는 것이기 때문"이라는 그녀의 지적을 보아도 알 수 있다. 이렇게 라이초가 감염이나 위생에 특히 예민하게 반응한 것은 세이토 사원이자 절친한 친구였던 고키치나가 했던 남편 히로시의 폐결핵 간병을 지켜본 경험 등이 그 저변에 있다는 지적도 있다.

당시 세계적인 추세를 보면 이러한 결혼금지법의 범위나

대상은 다양하며 남성에 국한된 나라부터 성별을 불문하고 금지하는 나라까지 다양하게 전개되고 있었다.

그 당시 미국이나 노르웨이 등 구미 여러 나라에서는 우생학상의 이유에 의한 결혼금지법이 채택되고 있었고 신부인협회의 청원도 노르웨이의 금지법을 참고로 했다고 한다. 이 시기의 우생정책은 단종, 중절, 산아제한, 결혼금지 등 다양한 형태로 시행되고 있었다.

신부인협회운동은 부인의 정치참여를 위한 실천운동이라는 점에서 높이 평가되고 있다. 신부인협회의 의회청원운동이나 참정권획득운동 등에 대해 사회주의 계열의 여성단체인 적란회를 결성한 야마가와 기쿠(山川菊)는 신부인협회를 부르주아적 운동으로 명백한 사회관 없이 진행되는 운동이라며 통렬히 비판하면서 노동부인운동은 무산자운동과 합체되어 진행되어야 한다고 주장하였다.

라이초는 건강상의 무리를 무릅쓰고 활동에 매진하다 건강도 악화되고 이치가와와의 관계도 악화되면서 1921년 무렵 일선에서 물러났다. 1921년 6월 26일에 이치가와가 이사를 사임하고 도미, 히라쓰카도 건강상의 이유로 협회 운영에 거리를 두면서 그 후의 신부인협회는 오쿠 무메오와 사카모토 마키(坂本真琴)를 중심으로 활동이 이어졌으나 협회 운영의 경제적 어려움 등이 겹쳐 1922년 해산에 이르게 되었고 이후 부인운동은 '부인참정권 획득 기성동맹회'(보선획득동맹)로 계승되어 활동이 이어졌다.

상애(相愛)부조의 시기 1921~47

신부인협회에서 물러난 뒤 라이초는 2년 동안 가족과 함께 치바, 보소 반도의 다케오카 해변에서 도치기의 나스, 시오바라 그리고 이즈를 거쳐 도쿄로 돌아올 때까지 각지를 돌며 전원생활에 전념하였다. 이 생활을 통해 라이초는 자신의 정신을 해방하고 보다 순수한 모성주의를 확립시켰다. 출산 이후 처음으로 아무런 방해를 받지 않고 가족만의 생활을 즐기며 육아에 몰두하는 시기이기도 했다.

이 전원생활은 살림은 많이 줄었으나 건강을 회복하고 아이들이 자연 속에서 부모의 사랑을 듬뿍 받으며 자랄 수 있었던 오랜만에 가족만의 생활을 누렸던 시간이었다. 더욱더 모성을 자각하면서 모성의 경제적 보장에서 더 나아가 육아를 하는 가족의 생활을 보장할 수 있어야 한다는 발상으로 확대된다. 진정한 부인해방은 부인의 가정생활과 직업생활의 조화에서 찾아야 하며 이 두 생활을 양립시킬 수 있는 사회제도에서 구해야 한다는 생각이었다. 그녀는 탁아소나 보육시설보다는 가사노동을 사회적 노동으로 보고 그 가치를 인정해야 한다는 입장이었다. 이런 발상이 이후의 소비조합 운동으로 연결된 것으로 해석된다.

다케오카로 탈출하여 자연 속에서 육아에 전념하다 자녀 교육을 위해 귀경한 뒤 도쿄에서 미증유의 참혹한 재해인 관동대지진을 겪으면서 라이초의 사상도 많은 변화를 보인다.

라이초는 1920년대에서 1930년대에 걸쳐 무산운동의 고양이라는 시대적 분위기를 받아들이고 사회주의와 무산계급운동을 지지하면서도 마르크스주의 운동보다는 급속도로 무정부주의 운동에 깊이 공감하게 되었다. 이런 변화의 원인은 어디서 찾을 수 있을 것인가.

라이초는 "대자연의 위력 앞에 사람들이 평등해졌다. 몸만 겨우 도망쳐 나온 시민들이 공포와 고통 속에서 서로 손을 잡고 도와주고 격려하며 살려 애쓰던 모습이 얼마나 인간적이었는지 모른다"라고 할 정도로 진재(震災) 후 며칠간의 경험 속에서 비상시에 보이는 인간의 따뜻함에 기쁨을 느꼈다. 본인도 술회했듯이, 그녀는 이 경험을 통해 서로 돕는 상애부조의 사상을 주장하게 된 것으로 보인다. 이런 자세가 국가의 전쟁 협력 요청에 부응하게 된 하나의 계기가 된 것은 아닐까.

그녀는 관동대지진 때 조선인이나 사회주의자 학살에 대해 분노하지도 않았고 권력에 의한 폭력에는 무관심한 태도를 견지해왔다. 진재 후 파괴된 도쿄 재건을 제언하는 글에서도 시민이 개인과 공동생활체의 관계에 무관심함을 비판하며 도쿄도의 토지를 자치체의 소유로 하여 신도시를 건설할 것을 제안한다.

새로운 질서를 구축하는 과정, 새로운 공동체의 부활을 위해 국가의 역할이나 주도권을 더 절실히 느끼게 된 것으로 보이며 협동일치의 중요성을 통감하면서 그것이 실현된 나라, 공동체를 모색하고 그런 마음을 "만민의 힘이 천황으로 귀속되는 나라에 태어난 행복"으로 표현했던 총동원체제기의 발언으로 나타난 것이라 생각된다.

소비조합운동

라이초는 관동대지진을 겪은 뒤 1930년대 초반에 소비조합운동에 적극적으로 참여하여 살던 지역에 '우리들의 집'이라는 조합을 설립하였다. 신부인협회 운동기부터 갖기 시작한 아나키즘에 대한 공명이 크게 작용한 것으로 보이며 본인은 크로폿킨의 『상호부조론』을 읽고 크게 감명을 받았다고 술회하고 있는 것으로 보아 그의 협동 자치사회 구상에 큰 영향을 받았음을 추측할 수 있다.

1930년에는 「부인 전선에 참가하여」에서 "마르크스주의 사회운동은 운동방법이나 전술에서 자신의 모성주의와 맞지 않고 쟁투하지 않으면서 여성에게 가장 가까운 부엌의 소비생활을 상호부조의 정신으로 협동의 기초 위에 세우려는 실로 평화롭고 구체적이며 실천적인 수단과 방법을 통해 협동 자치의 사회를 건설해가는 운동"으로 소비조합운동을 자리매김하고 있다.

소비조합이 지향하는 사회는 권력적 대사회가 아닌 각 개인의 자유와 임의로 만들어진 협동조직 단체의 자유연합에 의한 자치사회라고 주장한다. 그리고 소비자 자신에 의한, 소비자를 위한 협동생산을 구상하며 각 가정의 부엌의 사회화, 협동화이며 평등화라고 그 의의를 역설한다. 이런 소비조합운동은 부인의 참가 없이는 발전할 수 없다며 이 운동에 대한 큰 기대와 신념을 보이고 있어 이 시기에 아나키즘적 부인운동에 크게 공명하고 있었다고 할 수 있다.

또한 1925년에 일본에서 남자 보통선거가 결정되면서 총선거를 대비하여 결성된 무산정당들이 부인참정권이나 부인의 권리요구 등을 공약으로 내걸었다. 그녀는 무산정당에 공감을 나타내며 부인참정권운동가들은 무산정당을 응원할 것을 촉구하고 있다. 1929년에 버나드 쇼의 페이비언 사회주의를 소개하기도 하였고 소비, 물가, 세금, 지대, 교육, 신문, 부인직업 등 일상성에 주목하며 소비조합에 관한 문장도 다수 발표하고 있다.

1930년 다카무레 이쓰에(高群逸枝)가 중심이 된 무산부인 예술연맹에도 참가하며 『부인전선』에 참가한 이유를 본능적인 협동심의 발현이라고 말한다. 신부인협회 당시의 자신은 남성과 자본가의 횡포와 탐욕에 그저 조금의 제한을 두는 것을 주장하는 이른바 사회개량주의적 입장이었음을 반성하고 앞으로 건설할 자치사회에서의 여성의 역할을 강조하는 점이 라이초 사상의 특색의 하나로 볼 수 있겠다. 모성주의를 사회적으로 발전시켜 소비의 주체로서 여성의 역할의 지대함을 강조한 논리는 지금의 사회에도 시사를 주는 중요한 논점이다.

라이초는 무산계급운동, 소비조합운동, 무정부주의에 공감하며 소비조합 '우리들의 집'을 설립하여 가정구매조합에 합병되기까지 상애상조의 협동사회 실현을 위해 실천활동을 전개하였다. 소비조합운동은 자본주의를 타도하기 위해 결혼한 여성이 할 수 있는 가장 평화롭고 또 가장 친근하고 확실한 방법이라고 역설한다.

1938년 국가총동원법 시행으로 여성운동을 둘러싼 정세는 더욱 악화되었고 그녀가 활동하고 있던 소비조합도 전시체제 아래에 가정구매조합으로 흡수·합병되면서 조합운동은 좌절되었다. 조합이 해산된 1938년을 경계로 라이초는 가족제도 비판이나 군국주의 비판에 대한 글을 거의 쓰지 않게 되었다. 1940년에는 "국민의 총력을 결집하기 위한 신체제, 신조직에 국민의 반이며 민족을 창설하고 육성하는 여성을 제외할 수 없을 것"이라며 신체제에 협력적인 발언을 하거나, '국체의 고마움' '천황에 귀일(歸一)' 등의 용어를 통해 천황이나 황실을 옹호하는 표현도 했다. 또한 1941년의 아버지의 죽음은 천황에 대한 충성심이 깊었던 아버지를 통해 전시 상황과 맞물려 천황제를 의미하는 국체 사상에 동조하는 방향으로 나아갔다는 해석도 있다.

태평양전쟁의 국가총동원 체제에 공감하여 협조하였으나 전쟁협력체제가 강화됨에 따라 의욕을 잃어 1942년에는 시골로 탈출하여 밭일, 농사일 등으로 자급자족 생활을 하며 평화운동에 눈을 뜬다.

총동원체제와 모성

일본의 태평양전쟁 당시에 모성은 여성을 국가총동원 체제에 동원시키기 위한 중심적인 관념으로 활용되었다. 1930년대부터 어머니의 날을 제정하고 대일본연합부인회를 만들어 가정을 지키는 존재로서의 여성을 강조해왔다. 전쟁이 격화되면서 '군국의 어머니' '야스쿠니의 어머니'를 고취해 전쟁 협력에 동원하며 모성을 일본 여성의 율법과 같은 관념으로 선전했던 것이다.

군국의 어머니 이미지에는 출정하는 병사들에 대한 모성애의 발현과 후방의 가정을 지키는 모성, 건강한 병사를 많이 출산하는 모성, 그리고 전쟁의 격화에 따른 노동력 부족을 메우는 근로 여성 등 다양한 모습이 내포되어 있었다. 파시즘 이데올로기를 침투시키는 데 고향, 어머니, 향토와 같이 병사들에게 친근한 단어와 감성을 통해 국민을 동원하는 것은 독일 나치즘에서도 자주 이용되던 방식이었다.

건강하고 충량한 황군을 키워내는 황국의 어머니, 전장으로 떠나 전방을 지키는 남편이나 아들을 대신해 '총후(후방)'를 지키는 전사, 남자들이 떠난 일터를 채우는 산업전사로, 전시기의 여성은 '총동원'되었다. 전쟁 당국은 여성의 전쟁 협력을 끌어내기 위해 부인참정권이라는 당근이나 황국의 어머니라는 모성에 호소하며 부인운동단체들을 포섭해갔다.

전쟁과 총동원체제 아래에서 여성은 처음으로 국민으로 대접받는 환상을 보거나 전선에 나간 남자들의 빈자리를 메우느라 사회참여 기회가 늘어나면서 전쟁에 협력적인 태도를 취하지 않을 수 없는 경우가 거의 대부분이었다. 이런 체제에서 본시 생명을 낳아 기르는 모성 본연의 가치는 주장할 수 없었고 군국의 어머니 선전에 아들의 전사에도 마음 놓고 울지도 못하는 분위기가 이어졌다.

이 시기 거의 대부분의 여성단체가 대일본부인회와 같은 관제단체로 재편성되었고 여성지도자들은 적극적으로 국책에 협조하였다. 여성의 지위향상 바람을 이용하여 전쟁에 협력시킨 총동원체제에 여성들은 다양한 이유와 방법으로 '동원'되었다.

라이초는 전쟁 초기에는 전쟁에 협력적인 발언을 했으나 1942년부터 도쿄를 떠나 시골에 살면서 자급자족하는 전원생활을 실천하며 침묵을 지켰고 실천 면에서도 국민총동원운동이나 대정익찬회에 이름을 올린 흔적이 없다. 이 시기의 라이초에 대해서는 적극적인 전쟁협력이나 활동은 크게 눈에 띄지 않으나 전쟁반대나 반 천황제적 언동이 없었다는 점 등으로 그녀의 천황제 찬미나 전쟁협력에 대한 비판도 존재한다.

1940년에 「결혼, 가정, 아이」라는 글에서 "시대가 결혼에 걸려 있는 한 결혼은 국가 민족의 기초로 국가적으로 중대한 의의가 있으며 국가도 개인도 결혼이나 모성의 사회적 의의를 전쟁이라는 어쩔 수 없는 현실 속에서 확인할 수밖에 없는 것은 좋았다고 생각한다"라고 쓰고 있다.

라이초가 왜 전쟁에 협력적인 발언을 했는가에 대해서는 연구자 중에서도 평가가 갈리는 부분이다. 잠깐의 사상적 '동요'로 보는 연구도 있고 그녀의 우생사상이나 모성주의 자체가 국가의 협력을 요청하고 있으므로 사상 자체에 내재되어 있는 일관된 사상적 흐름으로 보는 시각도 있다.

일단 가공할 폭력을 동반하는 억압체제인 파시즘 체제에서 개인이 대놓고 그 체제를 거부하기란 너무나 힘든 상황이라는 점을 고려할 필요가 있을 것이다. 다만 그때까지의 라이초의 주장과 견해들을 종합해보면 일관되게 주장해온 모성보호주의나 우생학적 견해 등은 국가의 역할에 크게 의존하는 부분이 많아 전시기의 모성 중시 파시즘 정책에 반대하기는 어려웠을 것으로 보인다.

또한 관동대지진이라는 미증유의 자연재해 경험 또한 공동체의 중요성을 절감하게 된 계기로 작용했던 것으로 생각한다.

전후 평화운동과 세계연방주의에 공감

라이초는 59세에 피난해 있던 시골에서 태평양전쟁의 패전을 맞이하였다. 서둘러 도쿄로 돌아온 뒤 그녀는 평화와 관련된 책들을 탐독하며 자신이 해야 할 운동을 모색하였다. 처음엔 청일전쟁에 반대한 우치무라 간조(内村鑑三)의 책을 읽거나 부크먼이 제창한 도덕재무장 운동 등을 읽다가 「하나의 세계(一つの世界)」를 접하게 되면서 세계연방주의 운동에 공감하여 적극적으로 참여하게 된다. 이 잡지는 1948년 세계연방건설동맹이 설립되어 간행한 것으로 당시 평화운동의 한 흐름을 형성하는 데 중심적인 역할을 하였다.

이 운동의 주장은 전 세계 나라들을 멤버로 하는 세계국가(세계연방)를 만들어 국가 주권의 일부를 그 세계정부에 위탁함으로 전쟁을 방지할 수 있다는 것으로 초기에는 큰 반향을 일으켰으나 한국전쟁으로 냉전체제가 심화되면서 운동은 침체를 면치 못하게 되었다.

라이초는 일국의 헌법에 국민의 권리가 보장되어 있어도 나라와 나라 사이가 무정부 상태여서는 국민이 언제든지 노예처럼 전쟁에 끌려 나갈 수 있기 때문에 부인도 아이들도 그들의 생명이 위험에 던져져서는 안 된다며 세계연방운동에 큰 기대를 보였다. 전쟁 때에 모성주의가 군국의 어머니로 포장되어 동원되었고 전쟁 앞에 무력했던 모성에 대한 회한이 그녀를 강하게 평화운동으로 이끈 동인으로 작용했다고 볼 수 있다.

여성평화운동 전개

전후 일본의 여성운동은 점령 당국이 주도적으로 실시한 여성참정권, 민주주의, 평화헌법 등 일련의 강도 높은 개혁에 찬성을 표하며 반핵과 전쟁반대를 골자로 하는 평화운동, 환경운동, 시민운동 등 다양한 조류로 분화하며 운동을 전개해나갔다.

1950년 한국전쟁이 발발하자 미국은 일본과 미·일 안보조약체제 구축을 목적으로 일본과 강화조약 체결을 서두르게 된다. 이는 연합국과 일본의 태평양전쟁의 강화를 의미하는 것으로 강화의 형태를 둘러싸고 일본의 여론은 크게 나뉘게 된다. 이른바 강화논쟁으로 불리는 이 논쟁은 향후 일본의 체제와 미래를 둘러싼 전망의 차이에서 비롯된 것이었다.

자민당을 중심으로 한 보수 진영은 미국 주도의 공산주의 국가를 제외한 조약과 미·일 안보체제를 염두에 두었고 사회당을 비롯한 진영은 전쟁 상대국 모두와 화해하는 전면강화와 일본의 중립국화를 주장했다.

라이초는 1950년 6월 덜레스 미국 국무부 고문에게 5명의 여성대표 연명으로 「비무장국 일본 여성의 강화에 관한 희망 요강」을 제출하면서 전후 부인평화운동을 본격적으로 전개하였다. 이 멤버를 중심으로 1951년 재군비(再軍備)반대 부인위원회의 회장을 맡아 활동하였고 1953년에는 전일본부인단체연합회를 결성하여 대중적 여성평화운동을 전개해 나갔다.

한국전쟁을 계기로 일본과 승전국들 사이의 강화교섭이 서둘러 진행되는 가운데, 일본 여론은 미국 주도의 미·일 안보체제를 전제로 한 강화조약을 맺자는 쪽과 사회주의국과도 모두 강화조약을 맺어 일본의 중립화를 이룩하자는 전면강화론으로 대립했다. 이 상황에서 라이초는 평화운동의 일환으로 일본의 비무장, 절대 중립, 전면강화, 미군기지 반대, 전쟁협력 거부를 골자로 한 강화교섭론을 제시하였다.

남편이나 아들을 다시 전장으로 보내는 것을 거부하는 여성적 평화주의의 입장에서 평화문제담화회의 활동에도 공감하며 절대 평화주의의 입장을 견지하였는데 이는 공산당 계열의 '평화를 위한 무력은 인정'하는 입장과는 거리를 둔 평화론의 입장이었다.

그리고 국제민주부인연맹의 제창으로 코펜하겐 '세계부인대회'에 대표를 보내고 보고회를 여는 등 국제적인 여성연대의 행보를 보였다. 1954년에는 비키니환초 수소폭탄 실험에 대해 원자·수소폭탄의 제조, 실험, 사용 금지를 세계 부인들에게 호소한 '일본부인의 호소'를 보내고 평화운동의 세력을 키울 목적으로 세계모친대회의 개최를 결정하였다. 1955년 시작된 일본모친대회운동은 '여성, 아이, 평화'를 내걸고 대중적 여성 평화운동의 심볼적 존재로 부상하였는데 이는 이전부터 라이초가 주장해온 모성주의 사상의 귀결이기도 하다는 의미로 해석할 수 있겠다.

라이초의 평화사상

일본은 제2차 세계대전의 패전국이고 세계 최초이자 유일의 피폭국이다. 전시총동원체제로 자국뿐 아니라 아시아 전역을 전쟁에 휩쓸리게 한 주축국인 만큼 전쟁으로 인한 인명을 비롯한 피해는 어마어마한 것이었다.

비무장, 민주주의를 기조로 한 GHQ(연합국 최고사령부)의 점령정책과 일본적 특수성이 맞물려 봇물 터지듯 전개된 일본의 전후 평화운동은 다시는 전장으로 가족들을 내몰지 않겠다는 체험적 교훈이 합쳐져 반핵, 비무장, 기지반대, 베트남 반전운동 등으로 나타났다.

라이초가 주도적으로 투신한 평화운동의 기원을 어디서 찾을 수 있을까. 거슬러 올라가보면 그녀가 활동했던 신부인협회가 일본 최초로 부인 참정권을 요구한 중의원의원선거법 개정에 관한 청원서 항목 가운데 "전쟁을 방지하고 세계평화를 유지하기 위해"라는 구절이 보인다. 『여성동맹』 창간사에도 "남성사회에서 너무나 쉽게 행해지는 전쟁은 모든 생명의 애호자인 엄마의 세계에서는 가장 증오하고 전율할 만한 죄악임에도 불구하고 그녀들 사랑의 결정으로 창조된 무수한 인간이 살육당하는 걸 보면서도 아무런 발언권 없는 그녀들은 마음이 부서져도 그저 바라볼 수밖에 없었다"며 참정권이 없는 여성은 전쟁 반대도 할 수 없었다는 회한을 쓰고 있다.

그녀의 전후 평화운동의 아이디어는 신부인협회운동 때부터 품어왔던 것들이 많이 보인다. 참정권운동뿐 아니라 모성 노동자를 지원하여 보육소나 모친클럽 활동을 할 수 있는 부인회관 건립 구상도 그것이었다.

엘렌 케이의 모성 평화주의

또 하나는 엘렌 케이식의, 전쟁으로 열성만 남는다는 역도태 때문에 최량의 민족은 절멸할 수 있다는 우생학적 입장도 조금은 보인다. 하지만 여성은 남성보다 본능적으로 평화주의자이고 여성참정권이 전쟁을 억지할 수 있고 여성과 아이의 행복은 평화 없이는 성립할 수 없다는 모성평화주의적 입장이 큰 것으로 보인다. 그리고 참혹한 전쟁 체험의 실감이 그녀를 평화운동으로 이끈 동인 가운데 하나로 보인다.

이러한 라이초의 모성 평화주의는 평화운동 세력으로서 여성의 결집을 목적으로 한 전후 최대의 여성대중 평화운동인 모친운동, 모친대회로 열매를 맺는다. 이 운동은 일본 최초로 여성에 의한 대중평화운동으로 '생명을 만드는 모친은 생명을 키우고 지키길 바란다'는 슬로건을 내걸고 1955년 제1회 모친대회를 개최하였다.

베트남전쟁 반대 운동

한국전쟁 당시 일본은 후방기지의 역할을 담당하며 한국

전쟁의 특수를 누리게 되었다. 일본에 있는 미군 기지에서 미군이 한국전선으로 파견되고 군수물자가 일본에서 만들어져 한국으로 보내졌다. 일본에 있던 미군이 한국전선으로 이동하며 발생할 치안 공백을 막기 위해 자위대가 창설되어 일본은 재무장의 길로 들어가게 되었다.

또한 미국이 베트남전쟁에 개입하면서 일본은 다시 한번 전쟁 특수를 누리는 한편 대규모의 미군이 일본의 기지를 중심으로 베트남전쟁을 수행하는 후방의 역할을 맡게 되었다. 이에 대해 일본의 지식인층을 중심으로 베트남전쟁 반대 운동이 나타나 베헤렌(베트남평화연맹)을 중심으로 베트남 반전운동이 전개되었다.

여성운동의 입장에서는 라이초의 제창으로 각 단체가 모여 '베트남을 이야기하는 모임'이 만들어져 미국 본국의 부인들이나 일본에 있는 미국 병사들에게 반전을 호소하는 시위, 백악관으로 엽서보내기 운동 등 각 부인단체의 창의적인 공동행동이 이어졌다.

라이초는 1970년 6월 22일 병중에도 여성단체 회원들과 함께 미일 안보조약 철폐를 호소하는 담화문을 발표하고 기자회견에 임했다. 그리고 다음 날의 안보철폐 전국통일행동일에는 일본부인단체연합회 사람들과 함께 플래카드를 들고 데모 행진에도 참가하였다.

라이초의 전후 평화운동은 모성주의에 기반한 평화 운동적 성격으로 그녀의 모성주의의 연장으로 해석된다. 그러나 그녀의 평화사상에 아시아에 대한 가해의식이나 연대의식, 전쟁책임의식은 잘 보이지 않는다는 점도 지적할 수 있다.

제4장 라이초와 조선의 신여성

한국이나 동아시아 입장에서 「세이토」나 히라쓰카 라이초는 어떤 의미일까. 근대 동아시아 세계는 제국과 식민지라는 갈등적 위치에서 수많은 사건과 상처를 동반했으나 다양한 사상과 학문이 순환하고 소통하는 깨달음의 공동체이기도 했다. 동아시아 3국이 어쩔 수 없는 선택으로 근대화, 서구화하는 과정에서 메이지유신으로 일찍 근대화에 성공한 일본은 가까이에 있는 근대화 모델 중 하나였다. 따라서 중국이나 조선, 베트남 등에서 온 많은 유학생이 일본의 대학에서 근대 학문을 접하는 경우가 많았다.

이러한 지적(知的) 환경에서 일본에서 생산된 지적 생산품

들은 실시간으로 동아시아 언어로 번역되어 유통되는 회로를 갖게 되면서 근대 이전보다 훨씬 빠르게 학지의 회로가 형성되었다. 「세이토」와 같은 잡지의 출현은 동아시아의 여성운동에 매우 큰 파장과 영향을 준 사건임이 틀림없었다.

여러 연구에서 지적되듯이 엘렌 케이의 자유연애론, 모성주의 등은 동아시아에도 수용되었고 라이초 같은 「세이토」 동인들의 언설은 동아시아 신여성의 사상과 행동에 지대한 영향을 미쳤다. 식민지라는 조선 여성이 처한 다중의 압박으로 인해 한국과 일본의 여성운동론의 수용방식과 행동은 다른 면이 많지만 비슷한 유교문화를 바탕으로 한 여성의 공감과 반향은 대단한 것이었다.

조선을 대표하는 신여성 나혜석은 1910년대부터 1930년대 사이 재일조선인 유학생 단체인 '재일본동경조선유학생학우회'의 기관지 「학지광」[7]에 게재한 「이상적인 부인」(1914. 12.)이라는 글에서 라이초를 "천재를 이상으로 하는 부인"으로 언급한 바 있다. 나혜석은 이상적인 부인으로서 영지(靈知)적인 이상에 가까운 여성을 언급하면서 영지적 여성은 지식, 기예, 실력, 개성을 갖추고 권력과 신비적·내적인 광명을 갖는 여성이라고 주장하고 있다.

여러 여성의 타입을 나열하며 천재를 이상으로 하는 여인으로 라이초를 언급한 것은 아마도 라이초가 쓴 글을 인용

했기 때문인 것으로 보인다. 「세이토」 창간호를 장식한 명문 「원시 여성은 태양이었다」에서 "숨어 있는 태양을, 묻혀 있는 천재를 발현하라"라는 외침에서 시사를 받은 것으로 추측된다. 나혜석은 "나에게 천재적인 이상을 심은 것은 「세이토」 발행인 라이초 여사였다"고 일본 유학 시절을 회고할 정도로 라이초는 조선의 신여성 나혜석에게 큰 영향을 미쳤음을 알 수 있다.

나혜석이 일본에 유학했던 1913년부터 1918년 시기는 일본에서 신여성 운동이 새롭게 탄생하여 세간의 주목을 받고 세상을 풍미한 시대와 겹친다. 나혜석의 글 가운데에는 라이초나 요사노 아키코의 이름이 등장하기도 한다. 나혜석이 다녔던 도쿄여자미술대학 출신의 아라키 유코나 오다케 코키치가 세이토에서 활약하고 있었던 시기와도 겹친다. 연일 신문이나 잡지에는 「세이토」와 동인들의 언행 기사나 가십 기사들이 쏟아졌고 「인형의 집」과 같은 작품이 엄청난 반향을 일으키던 시기이기도 했다.

「학지광」에 모인 조선인 남녀 유학생들은 이런 일본의 사회적 분위기에 많은 영향을 받으며 다양한 논설을 게재했다. 나혜석이나 김일엽과 같은 조선의 신여성 1세대들은 일본 유학 중 「세이토」를 접하고 '세이토회'라는 독서회를 만들어 공부했을 정도로 깊은 관심을 보였다. 나혜석은 1918년에는 도쿄 여자유학생 친목회의 잡지 「여자계」에 자전적 단편소설 「경희」를 발표하며 조선의 인습적인 결혼관에 반기를 들었다.

결혼을 약속한 신랑 김우영에게 "일생을 두고 지금과 같이 나를 사랑해 주시오. 그림 그리는 것을 방해하지 마시오. 시어머니와 전실 딸과는 별거케 하여 주시오" 등의 4가지 조건을 내거는 결혼방식도 라이초와 비슷하다.

나혜석은 일본 유학 시절 「인형의 집」을 관람하였고 재일본 조선인유학생회의 기관지인 「학지광」에 글을 실었다. 「인형의 집」은 전 세계에 충격을 주었고 근대 사상과 여성운동에 큰 영향을 미쳤다. 이 작품은 근대 동아시아의 여성운동에서도 매우 중요한 위치를 차지하는 작품으로 「세이토」 지상에서도 크게 다루어졌고 연쇄적으로 조선이나 중국에서 작품이 소개되고 연극으로 공연되면서 여성운동에 큰 자극을 주었음을 부정할 수 없다. 이후 노라는 자각하는 여성, 신여성의 상징으로 여겨질 정도로 동아시아의 많은 노라를 탄생시켰다. 조선에서는 1910년대부터 수용되어 여러 차례 소개되었고 『노라』라는 단행본이 출간될 때는 여러 문학가가 서문이나 발문을 쓸 정도로 큰 반향을 불러일으켰다.

아래는 나혜석의 「인형의 가(家)」라는 시다.

내가 인형을 가지고 놀 때 기뻐하듯

아버지의 딸인 인형으로

남편의 아내 인형으로

그들을 기쁘게 하는

위안물 되도다

노라를 놓아라

최후로 순수하게

엄밀이 막아논

장벽에서

견고히 닫혔던

문을 열고

노라를 놓아주게

남편과 자식들에 대한

의무같이

내게는 신성한 의무 있네

나를 사랑으로 만드는

사랑의 길로 밟아서

사람이 되고자[8]

이 시는 나혜석이 결혼 후에 쓴 시로 여성으로서의 자각과 문제의식을 더 크게 인식하면서 노라에 대해 깊은 공감을 표현하고 있다. 라이초가 노라에 대해 차갑게 평가한 것과는 매우 대조적이다.

나혜석은 「세이토」 기사에 많이 실린 노라 관련 글에서 영향을 받은 것으로 보인다. 김일엽은 잡지 「신여자」에서 노라에 빗대어 여성의 자각, 나아가 남성의 자각까지 강조하고 있다.

나혜석은 「인형의 집」에 공감하여 노라의 미래는 우리의 미래라고 감정 이입할 정도였고 노라를 진정한 연애를 이상으로 하는 여성으로 보았다가 이후 「인형의 가」라는 시에서는 결혼의 굴레에서 신음하는 존재로서 노라를 대치시키고 있는 점이 달라진 점으로 보인다. 나혜석은 결혼 생활을 통해 노라에 대한 인식도 달라진 것으로 이해된다. 또한 라이초나 세이토 그룹의 정조론이나 자유연애론이 여성의 주체적 입장에서 '정조는 취미'라고 할 정도로 당시로는 너무나 과감한 주장을 한 나혜석이나 김일엽의 정조부정론이나 자유연애론 등에 끼친 영향은 매우 지대하다고 할 수 있다.

그러나 모성주의의 측면에서는 좀 다른 주장이 보인다. 라이초가 엘렌 케이의 여성론에 경도되어 국가에 의한 모성 보호를 주장한 반면 나혜석은 '모(母)된 감상기', '내가 어린애를 기른 경험' 등의 글을 통해 임신의 억울함, 출산의 극악한 고통과 육아의 괴로움 등을 솔직하게 그리며 '아이는 에미의 살점을 떼어먹는 악마'라고 할 정도로 육아의 고통에 대해 말하고 있다. 그는 모성애를 사회가 여성에게 인위적으로 강요한 것이며 모성이라는 이름 아래 어머니는 수많은 희생을 강요받고 있고 이것이 바로 현모양처주의의 핵심이라고 말한다.

여성·평화… 라이초의 꿈은
아직도 미완성

히라쓰카 라이초란 인물은?

히라쓰카 라이초란 인물에 대해 몇 장 안 되는 지면으로 평가를 하고 재단하는 것은 어리석어 보인다. 라이초에 대해 일본에서는 대체로 최초의 신여성, 일본 여성운동의 선각자란 평가가 일반적이며 동아시아 입장에서도 아시아 여성운동의 선구적 인물로 평가하는 데 이견은 없을 듯하다. 라이초에 관한 학문적 연구의 축적도 두터워 다양한 평가가 시도되고 있다. 우생학 측면이나 전시체제기의 협조 부분에는 비판적 평가도 존재한다.

히라쓰카 라이초 연구의 권위자인 일본 여성사 연구자인 요네다 사요코는 라이초의 사상적 특징을 근대 일본 국가가 성적 지배 국가로서 여성이 '이에(家)제도'에 기초한 출산하는 성 역할에 갇혀버린 것에 대항하여 출산하는 성 = 모성을 자기 결정과 아동의 권리를 토대로 하는 여성의 성으로서의 존엄한 권리로 주장한 점, 즉 젠더아이덴티티의 확립을 추구한 것이라고 주장한 바 있다.

다른 연구자들의 평가도 라이초를 일본 우먼 리브의 원조나 여성해방운동의 선구자이자 모성 운동의 산파이며 평화 운동가라는 찬사에서부터, 모성을 강조한 나머지 남녀 성 역할을 용인했으며 우생사상을 수용하고 황국사관으로 경도되었다는 부정적 평가까지 폭넓고 다양하다. 이는 평가가 다양한 만큼 그녀를 빼고 일본의 여성사를 언급할 수 없다는 것이기도 하다.

라이초는 목소리도 작고 선동가적 운동가의 기질은 약한 편이나 평생을 일관되게 강한 문제의식을 느끼고 그 문제를 세상에 던지는 일에 게으르지 않았다. 평생을 운동에만 매진한 투쟁가라기보다 연애와 결혼, 출산과 육아, 결혼생활도 충실히 해낸 것을 보면 그녀가 여성으로서의 삶도 충실히 살면서 생활에서 우러난 사색과 고민을 사상으로 만들고 실천했다는 점을 나는 높이 평가한다.

라이초의 생애를 살펴볼 때 끈기 있고 치열하게 운동을 전개했다기보다 지향성은 강했으나 실천적 측면에서는 부침이 많아 보인다. 거부! 그녀의 삶의 패턴에서 자주 보이는 행동이다. 그녀는 사색적이고 문제를 느끼고 깊게 천착하는 학구적 스타일이면서도 옳지 않고 싫은 것에는 강한 거부의 자세를 보이기도 한다. 여학교 교육의 양처현모 교육, 도덕 교육을 거부하고 기성세대의 법률혼을 거부하여 남편 성을 따르지 않고 자식들도 남편 호적에 올리지 않고 공동생활이라는 새로운 결혼방식을 고집한 점 등은, 당시로서는 너무나 당차고 새로운 삶의 방식을 취한 부분들이다.

탈출! 새로운 삶의 방식을 시도하다 지치거나 막다른 골목에 다다랐을 때는 자주 탈출을 감행했다. 「세이토」 편집에서 손을 뗀 뒤 전원생활로 탈출, 신부인협회 운동 후 2년간의 전원생활, 전쟁 중에 4년간의 시골생활에서 새로운 길을 모색하고 힘을 얻곤 했다. 그런 점에서 전원과 자연을 사랑한 삶이었고 결과적으로 그녀의 수많은 탈출은 그 자리에 주저앉는 것이 아니라 또 하나의 길을 찾는 탐색, 탐로, 충전의 시간이었던 것으로 보인다.

이 책은 위인전도 영웅전도 아니다. 그저 한 여성이 같은 인간으로서 몸부림치며 세상과 조용하면서도 치열하게 맞선 이야기다. 그랬던 그녀의 자세는 여전히 힘겨운 오늘을

사는 우리에게 큰 용기를 주고 있다. 라이초가 꿈꿨던 세계는 여전히 미완이지만 그때보다는 조금 나아졌다는 낙관을 하게 한다. 100년 전에 그녀가 던지고 싸웠던 문제에 대해 깊이 공감하면서 이 글을 맺는다.

주
―

1) 「주오코론」, 제2호, 1913.봄.
2) 히라쓰카 라이초, 「나루세 여자대학교장과 새로운 여자」, 「小樽新聞」, 1913.3.10.
3) 平塚らいてう, 『현대의 남녀에게(現代の男女へ)』, 南北社, 1917.
4) 「산아제한에 대하여」, 『현대의 남녀에게』, 南北社, 1917.
5) 히라쓰카 라이초, 「사회개조에 대한 부인의 사명」, 「여성동맹」 창간호, 1920.10.
6) 「여성동맹」, 창간호, 1920.10.
7) 일본 도쿄의 조선유학생학우회의 기관지로, 김병로·최팔용 등이 발행하였다. 1914년 창간되어 1930년 통권 29호로 종간되었으며, 신문학 사조의 도입과 창작에 큰 영향을 미쳤다. 나혜석도 이 잡지의 편집에 관여하며 「노라」와 같은 글을 실었다.
8) 「매일신보」, 1921.4.3.

참고문헌

堀場晴子, 『青鞜の時代』, 岩波親書, 1988.

瀬戸内晴美, 『青鞜』, 中公文庫, 1987.

米田佐代子, 『平塚らいてう-近代日本のデモクラシ-とジェンダ』, 吉川弘
　文館, 2002.

市川房枝, 『私の婦人運動』, 秋元書房, 1972.

折井美耶子·女性の歴史研究会, 『新婦人協会の研究』, ドメス出版, 2006.

青鞜社編, 『青鞜小説集』, 東雲堂, 1913.

平塚雷鳥, 『円窓より』, 東雲堂, 1913.

＿＿＿＿, 『現代と婦人の生活』, 日月社, 1914.

＿＿＿＿, 『女性の言葉』, 1919.

＿＿＿＿, 『現代の男女へ』, 南北社, 1917.

＿＿＿＿, 『婦人と子供の権利』, 天佑社, 1919.

＿＿＿＿, 『女性の言葉』, 教文社, 1926.

_____, 『雲・草・人』, 小山書店, 1933.

_____, 『母の言葉』, 刀江書院, 1937.

_____, 『母子随筆』, 桃李書院, 1948.

_____, 『わたくしの歩いた道』, 新評論社, 1955.

_____, 『元始, 女性は太陽であった』, 大月書店, 1971-73 のち国民文庫.

_____, 『むしろ女人の性を礼拝せよ:平塚らいてう新性道徳論集』, 人文
書院, 1977.

_____, 『平塚雷鳥著作集』 제1~3권, 大月書店, 1983.

프랑스엔 〈크세주〉, 일본엔 〈이와나미 문고〉, 한국에는 〈살림지식총서〉가 있습니다.

001 미국의 좌파와 우파 | 이주영
002 미국의 정체성 | 김형인
003 마이너리티 역사 | 손영호
004 두 얼굴을 가진 하나님 | 김형인
005 MD | 정욱식
006 반미 | 김진웅
007 영화로 보는 미국 | 김성곤
008 미국 뒤집어보기 | 장석정
009 미국 문화지도 | 장석정
010 미국 메모랜덤 | 최성일
011 위대한 어머니 여신 | 장영란
012 변신이야기 | 김선자
013 인도신화의 계보 | 류경희
014 축제인류학 | 류정아
015 오리엔탈리즘의 역사 | 정진농
016 이슬람 문화 | 이희수
017 살롱문화 | 서정복
018 추리소설의 세계 | 정규웅
019 애니메이션의 장르와 역사 | 이용배
020 문신의 역사 | 조현설
021 색채의 상징, 색채의 심리 | 박영수
022 인체의 신비 | 이성주
023 생물학무기 | 배우철
024 이 땅에서 우리말로 철학하기 | 이기상
025 중세는 정말 암흑기였나 | 이경재
026 미셸 푸코 | 양운덕
027 포스트모더니즘에 대한 성찰 | 신승환
028 조폭의 계보 | 방성수
029 성스러움과 폭력 | 류성민
030 성상 파괴주의와 성상 옹호주의 | 진형준
031 UFO학 | 성시정
032 최면의 세계 | 설기문
033 천문학 탐구자들 | 이면우
034 블랙홀 | 이충환
035 법의학의 세계 | 이윤성
036 양자 컴퓨터 | 이순칠
037 마피아의 계보 | 안혁
038 헬레니즘 | 윤진
039 유대인 | 정성호
040 M. 엘리아데 | 정진홍
041 한국교회의 역사 | 서정민
042 야웨와 바알 | 김남일
043 캐리커처의 역사 | 박창석
044 한국 액션영화 | 오승욱
045 한국 문예영화 이야기 | 김남석
046 포켓몬 마스터 되기 | 김윤아

047 판타지 | 송태현
048 르 몽드 | 최연구
049 그리스 사유의 기원 | 김재홍
050 영혼론 입문 | 이정우
051 알베르 카뮈 | 유기환
052 프란츠 카프카 | 편영수
053 버지니아 울프 | 김희정
054 재즈 | 최규용
055 뉴에이지 음악 | 양한수
056 중국의 고구려사 왜곡 | 최광식
057 중국의 정체성 | 강준영
058 중국의 문화 코드 | 강진석
059 중국사상의 뿌리 | 장현근
060 화교 | 정성호
061 중국인의 금기 | 장범성
062 무협 | 문현선
063 중국영화 이야기 | 임대근
064 경극 | 송철규
065 중국적 사유의 원형 | 박정근
066 수도원의 역사 | 최형걸
067 현대 신학 이야기 | 박만
068 요가 | 류경희
069 성공학의 역사 | 정해윤
070 진정한 프로는 변화가 즐겁다 | 김학선
071 외국인 직접투자 | 송의달
072 지식의 성장 | 이한구
073 사랑의 철학 | 이정은
074 유교문화와 여성 | 김미영
075 매체 정보란 무엇인가 | 구연상
076 피에르 부르디외와 한국사회 | 홍성민
077 21세기 한국의 문화혁명 | 이정덕
078 사건으로 보는 한국의 정치변동 | 양길현
079 미국을 만든 사상들 | 정경희
080 한반도 시나리오 | 정욱식
081 미국인의 발견 | 우수근
082 미국의 거장들 | 김홍국
083 법으로 보는 미국 | 채동배
084 미국 여성사 | 이창신
085 책과 세계 | 강유원
086 유럽왕실의 탄생 | 김현수
087 박물관의 탄생 | 전진성
088 절대왕정의 탄생 | 임승휘
089 커피 이야기 | 김성윤
090 축구의 문화사 | 이은호
091 세기의 사랑 이야기 | 안재필
092 반연극의 계보와 미학 | 임준서

093 한국의 연출가들 | 김남석
094 동아시아의 공연예술 | 서연호
095 사이코드라마 | 김정일
096 철학으로 보는 문화 | 신응철
097 장 폴 사르트르 | 변광배
098 프랑스 문화와 상상력 | 박기현
099 아브라함의 종교 | 공일주
100 여행 이야기 | 이진홍
101 아테네 | 장영란
102 로마 | 한형곤
103 이스탄불 | 이희수
104 예루살렘 | 최창모
105 상트 페테르부르크 | 방일권
106 하이델베르크 | 곽병휴
107 파리 | 김복래
108 바르샤바 | 최건영
109 부에노스아이레스 | 고부안
110 멕시코 시티 | 정혜주
111 나이로비 | 양철준
112 고대 올림픽의 세계 | 김복희
113 종교와 스포츠 | 이창익
114 그리스 미술 이야기 | 노성두
115 그리스 문명 | 최혜영
116 그리스와 로마 | 김덕수
117 알렉산드로스 | 조현미
118 고대 그리스의 시인들 | 김헌
119 올림픽의 숨은 이야기 | 장원재
120 장르 만화의 세계 | 박인하
121 성공의 길은 내 안에 있다 | 이숙영
122 모든 것을 고객중심으로 바꿔라 | 안상헌
123 중세와 토마스 아퀴나스 | 박경숙
124 우주 개발의 숨은 이야기 | 정홍철
125 나노 | 이영희
126 초끈이론 | 박재모·현승준
127 안토니 가우디 | 손세관
128 프랭크 로이드 라이트 | 서수경
129 프랭크 게리 | 이일형
130 리차드 마이어 | 이성훈
131 안도 다다오 | 임채진
132 색의 유혹 | 오수연
133 고객을 사로잡는 디자인 혁신 | 신언모
134 양주 이야기 | 김준철
135 주역과 운명 | 심의용
136 학계의 금기를 찾아서 | 강성민
137 미·중·일 새로운 패권전략 | 우수근
138 세계지도의 역사와 한반도의 발견 | 김상근
139 신용하 교수의 독도 이야기 | 신용하
140 간도는 누구의 땅인가 | 이성환
141 말리노프스키의 문화인류학 | 김용환
142 크리스마스 | 이영제
143 바로크 | 신정아
144 페르시아 문화 | 신규섭
145 패션과 명품 | 이재진
146 프랑켄슈타인 | 장정희
147 뱀파이어 연대기 | 한혜원
148 위대한 힙합 아티스트 | 김정훈
149 살사 | 최명호
150 모던 걸, 여우 목도리를 버려라 | 김주리
151 누가 하이카라 여성을 데리고 사누 | 김미지
152 스위트 홈의 기원 | 백지혜
153 대중적 감수성의 탄생 | 강심호
154 에로 그로 넌센스 | 소래섭
155 소리가 만들어낸 근대의 풍경 | 이승원
156 서울은 어떻게 계획되었는가 | 염복규
157 부엌의 문화사 | 함한희
158 칸트 | 최인숙
159 사람은 왜 인정받고 싶어하나 | 이정은
160 지중해학 | 박상진
161 동북아시아 비핵지대 | 이삼성 외
162 서양 배우의 역사 | 김정수
163 20세기의 위대한 연극인들 | 김미혜
164 영화음악 | 박신영
165 한국독립영화 | 김수남
166 영화와 샤머니즘 | 이종승
167 영화로 보는 불륜의 사회학 | 황혜진
168 J.D. 샐린저와 호밀밭의 파수꾼 | 김성곤
169 허브 이야기 | 조태동·송진희
170 프로레슬링 | 성민수
171 프랑크푸르트 | 이기식
172 바그다드 | 이동은
173 아테네인, 스파르타인 | 윤진
174 정치의 원형을 찾아서 | 최자영
175 소르본 대학 | 서정복
176 테마로 보는 서양미술 | 권용준
177 칼 마르크스 | 박영균
178 허버트 마르쿠제 | 손철성
179 안토니오 그람시 | 김현우
180 안토니오 네그리 | 윤수종
181 박이문의 문학과 철학 이야기 | 박이문
182 상상력과 가스통 바슐라르 | 홍명희
183 인간복제의 시대가 온다 | 김홍재
184 수소 혁명의 시대 | 김미선
185 로봇 이야기 | 김문상
186 일본의 정체성 | 김필동
187 일본의 서양문화 수용사 | 정하미
188 번역과 일본의 근대 | 최경옥
189 전쟁국가 일본 | 이성환
190 한국과 일본 | 하우봉
191 일본 누드 문화사 | 최유경
192 주신구라 | 이준섭
193 일본의 신사 | 박규태
194 미야자키 하야오 | 김윤아
195 애니메이션으로 보는 일본 | 박규태
196 디지털 에듀테인먼트 스토리텔링 | 강심호
197 디지털 애니메이션 스토리텔링 | 배주영
198 디지털 게임의 미학 | 전경란
199 디지털 게임 스토리텔링 | 한혜원
200 한국형 디지털 스토리텔링 | 이인화

201 디지털 게임, 상상력의 새로운 영토 | 이정엽
202 프로이트와 종교 | 권수영
203 영화로 보는 태평양전쟁 | 이동훈
204 소리의 문화사 | 김토일
205 극장의 역사 | 임종엽
206 뮤지엄건축 | 서상우
207 한옥 | 박명덕
208 한국만화사 산책 | 손상익
209 만화 속 백수 이야기 | 김성훈
210 코믹스 만화의 세계 | 박석환
211 북한만화의 이해 | 김성훈·박소현
212 북한 애니메이션 | 이대연·김경임
213 만화로 보는 미국 | 김기홍
214 미생물의 세계 | 이재열
215 빛과 색 | 변종철
216 인공위성 | 장영근
217 문화콘텐츠란 무엇인가 | 최연구
218 고대 근동의 신화와 종교 | 강성열
219 신비주의 | 금인숙
220 십자군, 성전과 약탈의 역사 | 진원숙
221 종교개혁 이야기 | 이성덕
222 자살 | 이진홍
223 성, 그 억압과 진보의 역사 | 윤가현
224 아파트의 문화사 | 박철수
225 권오길 교수가 들려주는 생물의 섹스 이야기 | 권오길
226 동물행동학 | 임신재
227 한국 축구 발전사 | 김성원
228 월드컵의 위대한 전설 | 서준형
229 월드컵의 강국들 | 심재희
230 스포츠 마케팅의 세계 | 박찬혁
231 일본의 이중권력, 쇼군과 천황 | 다카시로 고이치
232 일본의 사소설 | 안영희
233 글로벌 매너 | 박한표
234 성공하는 중국 진출 가이드북 | 우수근
235 20대의 정체성 | 정성호
236 중년의 사회학 | 정성호
237 인권 | 차병직
238 헌법재판 이야기 | 오호택
239 프라하 | 김규진
240 부다페스트 | 김성진
241 보스턴 | 황선희
242 돈황 | 전인초
243 보들레르 | 이건수
244 돈 후안 | 정동섭
245 사르트르 참여문학론 | 변광배
246 문체론 | 이종오
247 올더스 헉슬리 | 김효원
248 탈식민주의에 대한 성찰 | 박종성
249 서양 무기의 역사 | 이내주
250 백화점의 문화사 | 김인호
251 초콜릿 이야기 | 정한진
252 향신료 이야기 | 정한진
253 프랑스 미식 기행 | 심순철
254 음식 이야기 | 윤진아

255 비틀스 | 고영탁
256 현대시와 불교 | 오세영
257 불교의 선악론 | 안옥선
258 질병의 사회사 | 신규환
259 와인의 문화사 | 고형욱
260 와인, 어떻게 즐길까 | 김준철
261 노블레스 오블리주 | 예종석
262 미국인의 탄생 | 김진웅
263 기독교의 교파 | 남병두
264 플로티노스 | 조규홍
265 아우구스티누스 | 박경숙
266 안셀무스 | 김영철
267 중국 종교의 역사 | 박종우
268 인도의 신화와 종교 | 정광흠
269 이라크의 역사 | 공일주
270 르 코르뷔지에 | 이관석
271 김수영, 혹은 시적 양심 | 이은정
272 의학사상사 | 여인석
273 서양의학의 역사 | 이재담
274 몸의 역사 | 강신익
275 인류를 구한 항균제들 | 예병일
276 전쟁의 판도를 바꾼 전염병 | 예병일
277 사상의학 바로 알기 | 장동민
278 조선의 명의들 | 김호
279 한국인의 관계심리학 | 권수영
280 모건의 가족 인류학 | 김용환
281 예수가 상상한 그리스도 | 김호경
282 사르트르와 보부아르의 계약결혼 | 변광배
283 초기 기독교 이야기 | 진원숙
284 동유럽의 민족 분쟁 | 김철민
285 비잔틴제국 | 진원숙
286 오스만제국 | 진원숙
287 별을 보는 사람들 | 조상호
288 한미 FTA 후 직업의 미래 | 김준성
289 구조주의와 그 이후 | 김종우
290 아도르노 | 이종하
291 프랑스 혁명 | 서정복
292 메이지유신 | 장인성
293 문화대혁명 | 백승욱
294 기생 이야기 | 신현규
295 에베레스트 | 김법모
296 빈 | 인성기
297 발트3국 | 서진석
298 아일랜드 | 한일동
299 이케다 하야토 | 권혁기
300 박정희 | 김성진
301 리콴유 | 김성진
302 덩샤오핑 | 박형기
303 마거릿 대처 | 박동운
304 로널드 레이건 | 김형곤
305 셰이크 모하메드 | 최진영
306 유엔사무총장 | 김정태
307 농구의 탄생 | 손대범
308 홍차 이야기 | 정은희

309 인도 불교사 | 김미숙
310 아힌사 | 이정호
311 인도의 경전들 | 이재숙
312 글로벌 리더 | 백형찬
313 탱고 | 배수경
314 미술경매 이야기 | 이규현
315 달마와 그 제자들 | 우봉규
316 화두와 좌선 | 김호귀
317 대학의 역사 | 이광주
318 이슬람의 탄생 | 진원숙
319 DNA분석과 과학수사 | 박기원
320 대통령의 탄생 | 조지형
321 대통령의 퇴임 이후 | 김형곤
322 미국의 대통령 선거 | 윤용희
323 프랑스 대통령 이야기 | 최연구
324 실용주의 | 이유선
325 맥주의 세계 | 원융희
326 SF의 법칙 | 고장원
327 원효 | 김원명
328 베이징 | 조창완
329 상하이 | 김윤희
330 홍콩 | 유영하
331 중화경제의 리더들 | 박형기
332 중국의 엘리트 | 주장환
333 중국의 소수민족 | 정재남
334 중국을 이해하는 9가지 관점 | 우수근
335 고대 페르시아의 역사 | 유흥태
336 이란의 역사 | 유흥태
337 에스파한 | 유흥태
338 번역이란 무엇인가 | 이향
339 해체론 | 조규형
340 자크 라캉 | 김용수
341 하지홍 교수의 개 이야기 | 하지홍
342 다방과 카페, 모던보이의 아지트 | 장유정
343 역사 속의 채식인 | 이광조
344 보수와 진보의 정신분석 | 김용신
345 저작권 | 김기태
346 왜 그 음식은 먹지 않을까 | 정한진
347 플라멩코 | 최명호
348 월트 디즈니 | 김지영
349 빌 게이츠 | 김익현
350 스티브 잡스 | 김상훈
351 잭 웰치 | 하정필
352 워런 버핏 | 이민주
353 조지 소로스 | 김성진
354 마쓰시타 고노스케 | 권혁기
355 도요타 | 이우광
356 기술의 역사 | 송성수
357 미국의 총기 문화 | 손영호
358 표트르 대제 | 박지배
359 조지 워싱턴 | 김형곤
360 나폴레옹 | 서정복
361 비스마르크 | 김장수
362 모택동 | 김승일

363 러시아의 정체성 | 기연수
364 너는 시방 위험한 로봇이다 | 오은
365 발레리나를 꿈꾼 로봇 | 김선혁
366 로봇 선생님 가라사대 | 안동근
367 로봇 디자인의 숨겨진 규칙 | 구신애
368 로봇을 향한 열정, 일본 애니메이션 | 안병욱
369 도스토예프스키 | 박영은
370 플라톤의 교육 | 장영란
371 대공황 시대 | 양동휴
372 미래를 예측하는 힘 | 최연구
373 꼭 알아야 하는 미래 질병 10가지 | 우정헌
374 과학기술의 개척자들 | 송성수
375 레이첼 카슨과 침묵의 봄 | 김재호
376 좋은 문장 나쁜 문장 | 송준호
377 바울 | 김호경
378 테킬라 이야기 | 최명호
379 어떻게 일본 과학은 노벨상을 탔는가 | 김범성
380 기후변화 이야기 | 이유진
381 상송 | 전금주
382 이슬람 예술 | 전완경
383 페르시아의 종교 | 유흥태
384 삼위일체론 | 유해무
385 이슬람 율법 | 공일주
386 금강경 | 곽철환
387 루이스 칸 | 김낙중·정태용
388 톰 웨이츠 | 신주현
389 위대한 여성 과학자들 | 송성수
390 법원 이야기 | 오호택
391 명예훼손이란 무엇인가 | 안상운
392 사법권의 독립 | 조지형
393 피해자학 강의 | 장규원
394 정보공개란 무엇인가 | 안상운
395 적정기술이란 무엇인가 | 김정태·홍성욱
396 치명적인 금융위기, 왜 유독 대한민국인가 | 오형규
397 지방자치단체, 돈이 새고 있다 | 최인욱
398 스마트 위험사회가 온다 | 민경식
399 한반도 대재난, 대책은 있는가 | 이정직
400 불안사회 대한민국, 복지가 해답인가 | 신광영
401 21세기 대한민국 대외전략 | 김기수
402 보이지 않는 위협, 종북주의 | 류현수
403 우리 헌법 이야기 | 오호택
404 핵심 중국어 간체자(簡體字) | 김현정
405 문화생활과 문화주택 | 김용범
406 미래 주거의 대안 | 김세용·이재준
407 개방과 폐쇄의 딜레마, 북한의 이중적 경제 | 남성욱·정유석
408 연극과 영화를 통해 본 북한 사회 | 민병욱
409 먹기 위한 개방, 살기 위한 외교 | 김계동
410 북한 정권 붕괴 가능성과 대비 | 전경주
411 북한을 움직이는 힘, 군부의 패권경쟁 | 이영훈
412 인민의 천국에서 벌어지는 인권유린 | 허만호
413 성공을 이끄는 마케팅 법칙 | 추성엽
414 커피로 알아보는 마케팅 베이직 | 김민주
415 쓰나미의 과학 | 이호준
416 20세기를 빛낸 극작가 20인 | 백승무

417 20세기의 위대한 지휘자 | 김문경
418 20세기의 위대한 피아니스트 | 노태헌
419 뮤지컬의 이해 | 이동섭
420 위대한 도서관 건축 순례 | 최정태
421 아름다운 도서관 오디세이 | 최정태
422 롤링 스톤즈 | 김기범
423 서양 건축과 실내 디자인의 역사 | 천진희
424 서양 가구의 역사 | 공혜원
425 비주얼 머천다이징&디스플레이 디자인 | 강희수
426 호감의 법칙 | 김경호
427 시대의 지성 노암 촘스키 | 임기대
428 역사로 본 중국음식 | 신계숙
429 일본요리의 역사 | 박병학
430 한국의 음식문화 | 도현신
431 프랑스 음식문화 | 민혜련
432 중국차 이야기 | 조은아
433 디저트 이야기 | 안호기
434 치즈 이야기 | 박승용
435 면(麵) 이야기 | 김한송
436 막걸리 이야기 | 정은숙
437 알렉산드리아 비블리오테카 | 남태우
438 개헌 이야기 | 오호택
439 전통 명품의 보고, 규장각 | 신병주
440 에로스의 예술, 발레 | 김도윤
441 소크라테스를 알라 | 장영란
442 소프트웨어가 세상을 지배한다 | 김재호
443 국제난민 이야기 | 김철민
444 셰익스피어 그리고 인간 | 김도윤
445 명상이 경쟁력이다 | 김필수
446 갈매나무의 시인 백석 | 이숭원
447 브랜드를 알면 자동차가 보인다 | 김흥식
448 파이온에서 힉스 입자까지 | 이강영
449 알고 쓰는 화장품 | 구희연
450 희망이 된 인문학 | 김호연
451 한국예술의 큰 별 동랑 유치진 | 백형찬
452 경허와 그 제자들 | 우봉규
453 논어 | 윤홍식
454 장자 | 이기동
455 맹자 | 장현근
456 관자 | 신창호
457 순자 | 윤무학
458 미사일 이야기 | 박준복
459 사주(四柱) 이야기 | 이지형
460 영화로 보는 로큰롤 | 김기범
461 비타민 이야기 | 김정환
462 장군 이순신 | 도현신
463 전쟁의 심리학 | 이윤규
464 미국의 장군들 | 여영무
465 첨단무기의 세계 | 양낙규
466 한국무기의 역사 | 이내주
467 노자 | 임헌규
468 한비자 | 윤찬원
469 묵자 | 박문현
470 나는 누구인가 | 김용신

471 논리적 글쓰기 | 여세주
472 디지털 시대의 글쓰기 | 이강룡
473 NLL을 말하다 | 이상철
474 뇌의 비밀 | 서유헌
475 버트런드 러셀 | 박병철
476 에드문트 후설 | 박인철
477 공간 해석의 지혜, 풍수 | 이지형
478 이야기 동양철학사 | 강성률
479 이야기 서양철학사 | 강성률
480 독일 계몽주의의 유학적 기초 | 전홍석
481 우리말 한자 바로쓰기 | 안광희
482 유머의 기술 | 이상훈
483 관상 | 이태룡
484 가상학 | 이태룡
485 역경 | 이태룡
486 대한민국 대통령들의 한국경제 이야기 1 | 이장규
487 대한민국 대통령들의 한국경제 이야기 2 | 이장규
488 별자리 이야기 | 이형철 외
489 셜록 홈즈 | 김재성
490 역사를 움직인 중국 여성들 | 이양자
491 중국 고전 이야기 | 문숭용
492 발효 이야기 | 이미란
493 이승만 평전 | 이주영
494 미군정시대 이야기 | 차상철
495 한국전쟁사 | 이희진
496 정전협정 | 조성훈
497 북한 대남 침투도발사 | 이윤규
498 수상 | 이태룡
499 성명학 | 이태룡
500 결혼 | 남정욱
501 광고로 보는 근대문화사 | 김병희
502 시조의 이해 | 임형선
503 일본인은 왜 속마음을 말하지 않을까 | 임영철
504 내 사랑 아다지오 | 양태조
505 수프림 오페라 | 김도윤
506 바그너의 이해 | 서정원
507 원자력 이야기 | 이정익
508 이스라엘과 창조경제 | 정성호
509 한국 사회 빈부의식은 어떻게 변했는가 | 김용신
510 요하문명과 한반도 | 우실하
511 고조선왕조실록 | 이희진
512 고구려왕조실록 1 | 이희진
513 고구려왕조실록 2 | 이희진
514 백제왕조실록 1 | 이희진
515 백제왕조실록 2 | 이희진
516 신라왕조실록 1 | 이희진
517 신라왕조실록 2 | 이희진
518 신라왕조실록 3 | 이희진
519 가야왕조실록 | 이희진
520 발해왕조실록 | 구난희
521 고려왕조실록 1 (근간)
522 고려왕조실록 2 (근간)
523 조선왕조실록 1 | 이성무
524 조선왕조실록 2 | 이성무

525 조선왕조실록 3 | 이성무
526 조선왕조실록 4 | 이성무
527 조선왕조실록 5 | 이성무
528 조선왕조실록 6 | 편집부
529 정한론 | 이기용
530 청일전쟁 (근간)
531 러일전쟁 (근간)
532 이슬람 전쟁사 | 진원숙
533 소주이야기 | 이지형
534 북한 남침 이후 3일간, 이승만 대통령의 행적 | 남정옥
535 제주 신화 1 | 이석범
536 제주 신화 2 | 이석범
537 제주 전설 1 | 이석범
538 제주 전설 2 | 이석범
539 제주 전설 3 | 이석범
540 제주 전설 4 | 이석범
541 제주 전설 5 | 이석범
542 제주 민담 | 이석범
543 서양의 명장 | 박기련
544 동양의 명장 | 박기련
545 루소, 교육을 말하다 | 고봉만·황성원
546 철학으로 본 앙트러프러너십 | 전인수
547 예술과 앙트러프러너십 | 조명계
548 문화마케팅 (근간)
549 비즈니스상상력 | 전인수
550 개념설계의 시대 | 전인수
551 미국 독립전쟁 | 김형곤
552 미국 남북전쟁 | 김형곤
553 초기불교 이야기 | 곽철환
554 한국가톨릭의 역사 | 서정민
555 시아 이슬람 | 유흥태
556 스토리텔링에서 스토리두잉으로 | 윤주
557 백세시대의 지혜 | 신현동
558 구보 씨가 살아온 한국 사회 | 김병희
559 정부광고로 보는 일상생활사 | 김병희
560 정부광고의 국민계몽 캠페인 | 김병희
561 도시재생 이야기 | 윤주
562 한국의 핵무장 | 김재엽
563 고구려 비문의 비밀 | 정호섭
564 비슷하면서도 다른 한중문화 | 장범성
565 급변하는 현대 중국의 일상 | 장시·리우린, 장범성
566 중국의 한국 유학생들 | 왕링윈·장범성
567 밥딜런 그의 나라에는 누가 사는가 | 오민석
568 언론으로 본 정부정책의 변천 | 김병희
569 전통과 보수의 나라 영국 1─영국 역사 | 한일동
570 전통과 보수의 나라 영국 2─영국 문화 | 한일동
571 전통과 보수의 나라 영국 3─영국 현대 | 김언조
572 제1차 세계대전 | 윤형호
573 제2차 세계대전 | 윤형호
574 라벨로 보는 프랑스 포도주의 이해 | 전경준
575 미셸 푸코, 말과 사물 | 이규현
576 프로이트, 꿈의 해석 | 김석 (근간)
577 왜 5왕 | 홍성화
578 소가씨 4대 | 나행주
579 미나모토노 요리토모 | 남기학
580 도요토미 히데요시 | 이계황
581 요시다 쇼인 | 이희복
582 시부사와 에이이치 | 양의모
583 이토 히로부미 | 방광석
584 메이지 천황 | 박진우
585 하라 다카시 | 김영숙
586 히라쓰카 라이초 | 정애영
587 고노에 후미마로 | 김봉식

히라쓰카 라이초 일본의 여성해방운동가

펴낸날	초판 1쇄 2019년 8월 30일
지은이	정애영
펴낸이	심만수
펴낸곳	(주)살림출판사
출판등록	1989년 11월 1일 제9-210호
주소	경기도 파주시 광인사길 30
전화	031-955-1350 팩스 031-624-1356
홈페이지	http://www.sallimbooks.com
이메일	book@sallimbooks.com
ISBN	978-89-522-4077-4 04080
	978-89-522-0096-9 04080 (세트)

이 도서의 국립중앙도서관 출판시도서목록(CIP)은 서지정보유통지원시스템 홈페이지
(http://seoji.nl.go.kr)와 국가자료공동목록시스템(http://www.nl.go.kr/kolisnet)에서
이용하실 수 있습니다.(CIP제어번호: CIP2019028968)

책임편집·교정교열 **최정원 이상준**

인물로 보는 일본역사 시리즈 전11권

홍성화 외 10인 지음

2019년 3·1 운동 100주년 기념, 2020년 8·15 광복 75주년을 기념하여 일본사학회가 기획한 시리즈. 가깝지만 멀기만 한 일본과의 관계를 돌아보기 위해 한국사와 밀접한 대표적인 인물 11명의 생애와 사상을 알아본다.

577 왜 5왕(倭 五王)

수수께끼의 5세기 왜국 왕 (인물로 보는 일본역사 1)

홍성화(건국대학교 글로컬캠퍼스 교양대학 역사학 교수) 지음

베일에 싸인 왜 5왕(찬·진·제·흥·무)의 실체를 파헤침으로써 5세기 한일관계의 실상을 재조명한다.

키워드 🔍

#왜국 #왜왕 #송서 #사신 #조공 #5세기 #백제 #중국사서 #천황 #고대

578 소가씨 4대(蘇我氏 四代)

고대 일본의 권력 가문 (인물로 보는 일본역사 2)

나행주(건국대학교 사학과 초빙교수) 지음

일본 고대국가에 커다란 족적을 남긴 백제 도래씨족 소가씨. 그중 4대에 이르는 소가노 이나메(506?~570)·우마코(551?~626)·에미시(?~645)·이루카(?~645)의 생애와 업적을 알아본다.

키워드 🔍

#일본고대 #도래인 #외척 #불교 #불교문화

579 미나모토노 요리토모(源賴朝)

무사정권의 창시자 (인물로 보는 일본역사 3)

남기학(한림대학교 일본학과 교수) 지음

무사정권의 창시자 미나모토노 요리토모(1147~1199)의 파란만장한 생애와 사상의 전모를 밝힌다.

키워드 🔍

#무사정권 #가마쿠라도노 #무위 #무민 #신국사상 #다이라노 기요모리 #고시라카와 #최충헌

580 도요토미 히데요시(豊臣秀吉)

일본 통일을 이루다 (인물로 보는 일본역사 4)

이계황(인하대학교 일본언어문화학과 교수) 지음

동아시아 국제전쟁으로서의 임진왜란과 난세를 극복하고 일본천하를 통일한 도요토미 히데요시(1537~1598)를 통해, 일본을 접근해본다.

키워드 Q

#센고쿠기 #오다 노부나가 #도쿠가와 이에야스 #임진왜란 #강화교섭 #정유재란

581 요시다 쇼인(吉田松陰)

일본 민족주의의 원형 (인물로 보는 일본역사 5)

이희복(강원대학교 일본학과 교수) 지음

일본 우익사상의 창시자 요시다 쇼인(1830~1859). 그가 나고 자란 곳 하기시(萩市)에서 그의 학문과 사상의 진수를 눈과 발로 확인한다.

키워드 Q

#병학사범 #성리학자 #국체사상가 #양명학자 #세계적 보편성 #우익사상 #성리학

582 시부사와 에이이치(渋沢栄一)

일본 경제의 아버지 (인물로 보는 일본역사 6)

양의모(인천대학교 동북아 통상학과 강사) 지음

경제대국 일본의 기초를 쌓아올린 시부사와 에이이치(1840~1931). '일본 경제의 아버지'라 불리는 그의 삶과 활동을 조명한다.

키워드 Q

#자본주의 #부국강병 #도덕경제론 #논어와 주판 #민간외교 #합본주의

583 이토 히로부미(伊藤博文)

일본의 근대를 이끌다 (인물로 보는 일본역사 7)

방광석(동국대학교 대외교류연구원 연구교수 · 전 일본사학회 회장) 지음

침략의 원흉이자 근대 일본의 기획자 이토 히로부미(1841~1909)의 생애를 실증적·객관적으로 살펴본다.

키워드 Q

#입헌 정치체제 #폐번치현 #대일본제국헌법 #쇼카손주쿠 #천황친정운동 #을사늑약
#한국병합

584 메이지 천황(明治天皇)

일본 제국의 기초를 닦다 (인물로 보는 일본역사 8)

박진우(숙명여자대학교 일본학과 교수) 지음

메이지 천황(1852~1912)의 '실상'과 근대 이후 신격화된 그의 '허상'을 추적한다.

키워드 🔍

#메이지유신 #메이지 천황 #근대천황제 #천황의 군대

585 하라 다카시(原敬)

평민 재상의 빛과 그림자 (인물로 보는 일본역사 9)

김영숙(고려대학교 한국사연구소 연구교수) 지음

일본 정당정치의 상징이자 식민지 통치의 설계자. 평민 재상 하라 다카시(1856~1921)를 파헤친다.

키워드 🔍

#정당정치 #문화정책 #내각총리대신 #평민 재상 #입헌정우회 #정우회

586 히라쓰카 라이초(平塚らいてう)

일본의 여성해방운동가 (인물로 보는 일본역사 10)

정애영(경상대 · 방송통신대 일본사 · 동아시아사 강사) 지음

일본의 대표 신여성 히라쓰카 라이초(1886~1971). 그녀를 중심으로 일본의 페미니즘 운동과 동아시아의 신여성을 조명한다.

키워드 🔍

#신여성 #세이토 #신부인협회 #일본의 페미니즘 #동아시아 페미니즘 운동
#동아시아 신여성

587 고노에 후미마로(近衛文麿)

패전으로 귀결된 야망과 좌절 (인물로 보는 일본역사 11)

김봉식(고려대학교 강사) 지음

미 · 영 중심의 국제질서에 도전하고 독일 · 이탈리아와 동맹을 강화하여 전쟁의 참화를 불러온 귀족정치가. 고노에 후미마로(1891~1945)의 생애와 한계를 살펴본다.

키워드 🔍

#중일전쟁 #태평양전쟁 #신체제 #일본역사

eBook 표시가 되어있는 도서는 전자책으로 구매가 가능합니다.

016 이슬람 문화 | 이희수
017 살롱문화 | 서정복 eBook
020 문신의 역사 | 조현설
038 헬레니즘 | 윤진 eBook
056 중국의 고구려사 왜곡 | 최광식 eBook
085 책과 세계 | 강유원
086 유럽왕실의 탄생 | 김현수 eBook
087 박물관의 탄생 | 전진성 eBook
088 절대왕정의 탄생 | 임승휘 eBook
100 여행 이야기 | 이진홍 eBook
101 아테네 | 장영란
102 로마 | 한형곤
103 이스탄불 | 이희수 eBook
104 예루살렘 | 최창모 eBook
105 상트 페테르부르크 | 방일권 eBook
106 하이델베르크 | 곽병휴 eBook
107 파리 | 김복래
108 바르샤바 | 최건영 eBook
109 부에노스아이레스 | 고부안 eBook
110 멕시코 시티 | 정혜주
111 나이로비 | 양철준
112 고대 올림픽의 세계 | 김복희 eBook
113 종교와 스포츠 | 이창익 eBook
115 그리스 문명 | 최혜영
116 그리스와 로마 | 김덕수 eBook
117 알렉산드로스 | 조현미
138 세계지도의 역사와 한반도의 발견 | 김상근 eBook
139 신용하 교수의 독도 이야기 | 신용하
140 간도는 누구의 땅인가 | 이성환 eBook
143 바로크 | 신정아
144 페르시아 문화 | 신규섭 eBook
150 모던 걸, 여우 목도리를 버려라 | 김주리 eBook
151 누가 하이카라 여성을 데리고 사는 | 김미지 eBook
152 스위트 홈의 기원 | 백지혜 eBook
153 대중적 감수성의 탄생 | 강심호 eBook
154 에로 그로 넌센스 | 소래섭 eBook
155 소리가 만들어낸 근대의 풍경 | 이승원 eBook
156 서울은 어떻게 계획되었는가 | 염복규 eBook
157 부엌의 문화사 | 함한희
171 프랑크푸르트 | 이기식 eBook

172 바그다드 | 이동은 eBook
173 아테네인, 스파르타인 | 윤진 eBook
174 정치의 원형을 찾아서 | 최자영 eBook
175 소르본 대학 | 서정복
187 일본의 서양문화 수용사 | 정하미
188 번역과 일본의 근대 | 최경옥
189 전쟁국가 일본 | 이성환 eBook
191 일본 누드 문화사 | 최유경
192 주신구라 | 이준섭
193 일본의 신사 | 박규태 eBook
220 십자군, 성전과 악탈의 역사 | 진원숙
239 프라하 | 김규진 eBook
240 부다페스트 | 김성진 eBook
241 보스턴 | 황선희
242 돈황 | 전인초 eBook
249 서양 무기의 역사 | 이내주
250 백화점의 문화사 | 김인호
251 초콜릿 이야기 | 정한진
252 향신료 이야기 | 정한진
259 와인의 문화사 | 고형욱
269 이라크의 역사 | 공일주
283 초기 기독교 이야기 | 진원숙
285 비잔틴제국 | 진원숙 eBook
286 오스만제국 | 진원숙 eBook
291 프랑스 혁명 | 서정복
292 메이지유신 | 장인성 eBook
293 문화대혁명 | 백승욱 eBook
294 기생 이야기 | 신현규 eBook
295 에베레스트 | 김병모 eBook
296 빈 | 인성기 eBook
297 발트3국 | 서진석 eBook
298 아일랜드 | 한일동
308 홍차 이야기 | 정은희 eBook
317 대학의 역사 | 이광주
318 이슬람의 탄생 | 진원숙
335 고대 페르시아의 역사 | 유흥태
336 이란의 역사 | 유흥태
337 에스파한 | 유흥태
342 다방과 카페, 모던보이의 아지트 | 장유정
343 역사 속의 채식인 | 이광조

371 대공황 시대 | 양동휴 eBook
420 위대한 도서관 건축순례 | 최정태 eBook
421 아름다운 도서관 오디세이 | 최정태 eBook
423 서양 건축과 실내 디자인의 역사 | 천진희 eBook
424 서양 가구의 역사 | 공혜원 eBook
437 알레산드라아 비블리오테카 | 남태우 eBook
439 전통 명품의 보고, 규장각 | 신병주 eBook
443 국제난민 이야기 | 김철민 eBook
462 장군 이순신 | 도현신 eBook
463 전쟁의 심리학 | 이윤규 eBook
466 한국무기의 역사 | 이내주 eBook
486 대한민국 대통령들의 한국경제 이야기 1 | 이장규 eBook
487 대한민국 대통령들의 한국경제 이야기 2 | 이장규 eBook
490 역사를 움직인 중국 여성들 | 이양자 eBook
493 이승만 평전 | 이주영 eBook
494 미군정시대 이야기 | 차상철 eBook
495 한국전쟁사 | 이희진 eBook
496 정전협정 | 조성훈 eBook
497 북한 대남침투도발사 | 이윤규 eBook
510 요하 문명과 한반도 | 우실하 eBook
511 고조선왕조실록 | 이희진 eBook
512 고구려왕조실록 1 | 이희진 eBook
513 고구려왕조실록 2 | 이희진
514 백제왕조실록 1 | 이희진 eBook
515 백제왕조실록 2 | 이희진 eBook
516 신라왕조실록 1 | 이희진
517 신라왕조실록 2 | 이희진
518 신라왕조실록 3 | 이희진
519 가야왕조실록 | 이희진 eBook
520 발해왕조실록 | 구난희
521 고려왕조실록 1(근간)
522 고려왕조실록 2(근간)
523 조선왕조실록 1 | 이성무 eBook
524 조선왕조실록 2 | 이성무 eBook
525 조선왕조실록 3 | 이성무 eBook
526 조선왕조실록 4 | 이성무 eBook
527 조선왕조실록 5 | 이성무 eBook
528 조선왕조실록 6 | 편집부 eBook

(주)살림출판사
www.sallimbooks.com
주소 경기도 파주시 문발동 522-1 | 전화 031-955-1350 | 팩스 031-955-1355